El Tiempo

DE GENERACIÓN EN GENERACIÓN

Salmo 90

C.H.Spurgeon

Editor Eliseo Vila

COLECCIÓN SALMOS

El Tesoro de David

EDITORIAL CLIE
C/ Ferrocarril, 8
08232 VILADECAVALLS
(Barcelona) ESPAÑA
E-mail: clie@clie.es
http://www.clie.es

© 2016 Eliseo Vila Vila para la presente versión ampliada.

© 2016 Editorial CLIE

COLECCIÓN SALMOS

EL TIEMPO
ISBN: 978-84-8267-994-5
Depósito legal: B 17186-2016
VIDA CRISTIANA
Crecimiento espiritual
Referencia: 224954

1

Título: *Una oración de Moisés, siervo de Dios.* Numerosos han sido los intentos de probar que no fue Moisés quien escribió este Salmo, pero nosotros seguimos inamovibles en nuestra convicción de que sí fue él quien lo escribió. El reflejo en cada versículo de las situaciones y condiciones propias de Israel en el desierto son tan evidentes; y los giros, expresiones y términos utilizados tan similares a los que encontramos en el Pentateuco; que las objeciones planteadas por quienes cuestionan su origen mosaico son tan ligeras como el aire, comparadas con el peso de la evidencia interna a favor de que fue Moisés su autor.[1] Moisés era un hombre poderoso tanto en palabras

---

[1] Esta es también la opinión al respecto de JOSÉ Mª MARTÍNEZ [1924-] en "Salmos Escogidos": «Las objeciones contra el origen mosaico del salmo son más bien débiles. Autores tan prestigiosos como Delitzsch han mantenido la tradicional opinión que atribuía la paternidad literaria a Moisés. Escribe Delitzsch: "Apenas existe un documento antiguo que justifique tan brillantemente el testimonio de la tradición respecto a su origen como este salmo (…) No sólo en lo que concierne a su contenido, sino también en lo que se refiere a la forma de su lenguaje, es perfectamente propio de Moisés" (…) Indudablemente la talla espiritual y la experiencia de Moisés le capacitan perfectamente para escribir un salmo como éste». FRANCISCO LACUEVA [1911-2005] indica que: «la semejanza

como en hechos, y en este sentido estamos plenamente convencidos de que este salmo es una de sus principales aportaciones, digno de codearse con su gloriosa oración registrada en el libro de Deuteronomio.[2] Moisés era un hombre de Dios peculiar: elegido por Dios, inspirado por Dios, honrado por Dios, y fiel a Dios en todo lo relativo a su casa; bien merecido tiene, por tanto, el título que le otorga en la cabecera: *"siervo de Dios"*[3]. El salmo entero se etiqueta como *"oración",* ya que las peticiones finales entran de lleno en el lenguaje y esencia de la súplica, y los versículos precedentes no son sino una meditación preparatoria para la súplica final. Sin lugar a duda, los siervos de Dios son siempre hombres de oración. No es la única oración de Moisés, tan solo una muestra clara y fehaciente de cómo el vidente de Horeb[4] solía comunicarse con el cielo

---

de pensamiento y fraseología de este salmo con Deuteronomio 33 es notable. Y en Números 14 encontramos la historia a la que parece referirse». Schökel transcribe y analiza la tesis de Delitzsch aunque añade: «La tesis de Delitzsch se podría aceptar con una rectificación importante: No son los sucesos del desierto lo que ocasiona y explica este salmo, sino las narraciones del Pentateuco y los poemas finales del Deuteronomio. El autor no es Moisés poco antes de morir, sino un poeta posterior que se dejó inspirar por textos que la tradición atribuía a Moisés». Kraus en la misma línea da a entender que el nombre de Moisés pudo ser atribuido posteriormente: «En el Salterio es singularísimo que un salmo se atribuya a Moisés. Pero habrá que admitir que los círculos que transmitieron la tradición de este cántico conocían el hecho de que Moisés "compuso" y entonó cánticos y poemas (Éxodo 15:1; Deuteronomio 31:19,30; 32:1-47; 33:1). Lo mismo que David, Moisés seguramente también tuvo que prestar su autoridad de compositor de salmos a un grupo de la tradición».

[2] Deuteronomio 3:23-25.
[3] Josué 22:5; Apocalipsis 15:3.
[4] Éxodo 3:3.

intercediendo en favor de Israel. Se trata del salmo más antiguo que se conoce y se encuentra situado entre dos de los libros o subdivisiones de los Salmos[5] como composición única y especialmente sublime, tanto por la majestuosidad y grandeza de sus estrofas como por su antigüedad histórica. Muchas han sido las personas afligidas, de generación en generación, que han escuchado este salmo de pie alrededor de una tumba abierta y han encontrado consuelo en sus palabras; aun cuando no hayan alcanzado a percibir su aplicación específica a Israel en el desierto o les hayan pasado por alto algunos matices comparativos del superior nivel espiritual en el que actualmente se encuentran los creyentes en Cristo con respecto a algunas de sus afirmaciones.

C. H. Spurgeon

Título: *Una oración de Moisés, siervo de Dios.* La precisión y autenticidad del título de este salmo adscribiendo a Moisés su autoría, se constata y confirma en la sencillez grandiosa y solemne de su contenido, único y absolutamente apropiado a las circunstancias del período mosaico. Basta con señalar su similitud a la Ley, en tanto que establece una conexión directa entre pecado y muerte; la similitud de su lenguaje con las otras porciones poéticas del Pentateuco, pero sin la menor traza de plagio, imitación o cita; a la vez que su disimilitud y marcadas diferencias con los salmos de David, y en especial con los de períodos posteriores. Y finalmente, la imposibili-

---

[5] Recordamos al lector que el libro de los Salmos se estructura en cinco partes, colecciones o libros: I Salmos 1 al 41; II Salmos 42 al 72; III Salmos 73 al 89; IV Salmos 90 a 106; V Salmos 107 a 150.

dad demostrada de poder atribuirlo de manera plausible a cualquier otra época o autor.

JOSEPH ADDISON ALEXANDER [1809-1860]
"The Psalms Translated and Explained", 1850

Título: *Una oración de Moisés, siervo de Dios*. Es absolutamente apropiado considerar a Moisés como el primer compositor de salmos o himnos sagrados.

SAMUEL BURDER [1773-1837]
"Oriental Customs or An illustration of the Sacred Scriptures", 1804

Título: *Una oración de Moisés*. El título describe y califica este salmo como una *oración*. Semejante descripción prueba, como afirma Amyraldus[6], que el núcleo del salmo está en la *segunda parte* del mismo (90:12-17), y que el objeto de la *primera parte* (90:1-11), no es otro que preparar el camino a la segunda, estableciendo los fundamentos sobre los cuales la súplica se apoya.

ERNS WILHELM HENGSTENBERG [1802-1869]
"Commentary on the Psalms", 1860

Título: *Una oración de Moisés, siervo de Dios*. Moisés era un hombre de edad avanzada y dilatada experiencia; pero precisamente su edad y su experiencia le habían enseñado una importante verdad: que en medio de los

---

[6] Se refiere a MOÏSE AMYRAUT o MOISÉS AMYRALDUS [1596-1664], pastor e insigne teólogo protestante francés, profesor de teología en la Academia de Saumur y autor de importantes obras de teología. Desarrolló una peculiar versión de la doctrina calvinista de la predestinación conocida como *"universalismo hipotético"* o *"amiraldismo"*.

cambios que ocurren en el universo de manera constante, hay al menos una cosa que no cambia, que permanece inmutable: la fidelidad de Aquel que es Dios *"desde la eternidad y hasta la eternidad"*[7]. ¿A qué momento de su pasado miraba el patriarca cuando escribió estas estrofas? ¿La zarza ardiendo,[8] el horno de fuego de Egipto,[9] el Mar Rojo,[10] Faraón y sus carros de guerra,[11] la fatigosa y desalentadora marcha de Israel a través del desierto?[12] Sin duda que todos estos acontecimientos estaban grabados y muy presentes en su pensamiento, y en todos ellos había podido comprobar que *"Dios es la Roca, sus obras son perfectas, y todos sus caminos son justos"*[13]. Pero cuando Moisés escribe: *"Acuérdate de los tiempos antiguos, considera los años de muchas generaciones"*[14] miraba con toda seguridad mucho más lejos en el pasado que a estas escenas de su propia vida; y nos podemos asegurar que al comenzar el salmo diciendo: *"Tú nos has sido refugio de generación en generación"*, evocaba a otros períodos mucho más remotos y lejanos en el tiempo, Sí, su mente volaba sin duda a las épocas en que Dios había sido refugio de Jacob, de Isaac, de Abraham, de Noé y de todos los demás patriarcas. La mirada retrospectiva de Moisés podía recorrer más de mil años de tradición generacional, confirmando la misma verdad generación tras generación, caso por caso. Pero cuánto

---

[7] Salmo 103:17.
[8] Éxodo 3:1-6.
[9] Deuteronomio 4:20.
[10] Éxodo 14:1-22.
[11] Éxodo 14:23,31.
[12] Deuteronomio 1:34-40.
[13] Deuteronomio 32:4, NVI.
[14] Deuteronomio 32:7.

más abarcamos nosotros, que podemos sumar en nuestro recorrido con la mirada los días de Moisés, los de Josué, los de David, y descender hasta la época de la venida del Hijo de Dios a la tierra para seguir luego con los de Pedro, Pablo y los demás apóstoles, hasta finalizar con los de todos los santos habidos en la Iglesia hasta el día de hoy. Si Moisés podía evocar mil años de fidelidad divina, nosotros podemos fácilmente evocar tres mil; treinta siglos en los que el Señor ha sido refugio de generación en generación para todos aquellos que en él confían. Sí, y podemos también como Moisés, en momentos de dificultad, levantar nuestras manos y acudir al mismo Dios que en tiempos pasados fuera refugio de Moisés, y de Abraham. ¡Qué pensamiento tan deleitoso y reconfortante! Que por encima de los constantes y numerosos cambios que tienen lugar su creación, el Creador del universo haya permanecido a lo largo de tres mil años inmutable como MI DIOS personal.

AUGUST FRIEDRICH THOLUCK [1799-1877]
"Hours of Christian Devotion", 1870

Tema: Un cántico de Moisés sobre la fragilidad del hombre y la brevedad de la vida, en contraste con la eternidad de Dios; mostrando que ello es base suficiente para elevar la más fervorosa súplica implorando la compasión y la misericordia divina.

Estructura: La única división viable en este salmo es la que separa la primera parte, que podríamos calificar como contemplativa y preparatoria (90:1-11), de la segunda parte donde expone su súplica (90:12-17). Pero hay que decir, en honor a la verdad, que incluso esta división básica en dos partes resulta innecesaria, puesto que el hilo argumental es inquebrantable y mantiene una unidad de pensamiento indubitable de principio a fin.

Versión poética:

Domine, refugium factus est nobis,
a generatione in generationem

Tú eres, Señor, nuestro mejor amparo,
y lo has sido también en todo tiempo,
de raza en razas, y de siglo en siglos
has sido, y has de ser refugio nuestro.

Antes que hubiera montes, también antes
que creases la tierra y universo,
antes, en fin de todas las edades
fuiste mi Dios, y lo serás eterno.

No pues, nos abandones, Dios amable,
tú que nos dices plácido y risueño:
convertiros, ¡oh hijos de los hombres!
que quiero mis piedades concederos.

¿Qué es la vida del hombre, aunque viviera
mil años en placeres y contentos?
mil años para ti son como el día
de ayer, que ya pasó, y está muy lejos.

Son como una vigilia de la noche,
y los años pasados ya se fueron,
ya son como la nada, pues se han ido
como vapor volátil, fugaz sueño.

El hombre es un clavel, por la mañana
florece, cuando el sol está en su medio,
por la tarde ya empieza a marchitarse,
y a la noche se cae, y ya está seco.

Así, Señor, tu ira nos consume,
casi sin advertirlo, en un momento,
y nos trastornas todos los designios
con más celeridad que la del vuelo.

Tú nos descubres todos los delitos,
dando a cada malicia el justo peso,
y observas el progreso de la vida,
de tu divina luz a los reflejos.

Cuando miras delitos, tu justicia
algunas veces por castigo de ellos
la vida disminuye, y nos acortas
los breves días de tan breve tiempo.

La vida es como frágil telaraña,
que un soplo rompe, y se la lleva el viento,
y los años tan cortos, que a setenta
son pocos los que llegan, y son viejos.

Si algunos hasta ochenta llegar pueden,
porque tienen mejor temperamento,
ya su vida es miseria; todo es penas,
dolores vivos, grandes desconsuelos.

Pero esta misma cortedad de vida
de tu misericordia es el efecto,
para que duren menos los peligros,
y de tu ira los golpes evitemos.

¿Quién puede comprender adónde llega
tu furor, cuando vienes justiciero?
y cuando lo alcanzara, ¿cómo nunca
su terror se atreviera a proponerlo?

Haz, Señor, que nosotros entendamos
cuál es la fuerza de tu brazo excelso,
y enséñanos la gran sabiduría,
que es amarte, observando tus preceptos.

Vuélvenos ya tus ojos compasivos:
¿has de estar siempre airado con tus siervos?
ten compasión de nuestras tristes ansias,
y haznos ver tu semblante más risueño.

Presto veremos tu misericordia,
enjuaga nuestras lágrimas más presto,
a fin de que pasemos estos días
alabando tu nombre con consuelo.

Hasta que llegue el día venturoso,
en que conduces plácidos contentos,
recompenses los días y los años,
que hemos vivido de aflicciones llenos.

Compadece entre tanto a los que te aman,
ve con piedad a tus humildes siervos,
dígnate, dulce Dios, de dirigirlos,
y dirige también sus hijos tiernos.

Alúmbrenos, Señor, tu luz divina,
alumbra nuestras obras y deseos,
para que nunca hagamos cosa alguna,
que de ti nos separe ni un momento.

DEL "SALTERIO POÉTICO ESPAÑOL", SIGLO XVIII

2

———⚬⚬⚬———

Salmo completo: A pesar de los cuestionamientos y objeciones que han planteado algunos eruditos, no hay motivos razonables para dudar de que este salmo es una composición poética escrita por Moisés. Su nombre ha permanecido ligado a la autoría del salmo noventa desde las épocas más antiguas, y todos los eruditos en el texto bíblico, desde Jerónimo[15] a Hengstenberg[16], han estado siempre de acuerdo en considerarlo una oración de este gran *"siervo de Dios"* cuyo nombre siempre ha formado parte del título. Y dando esto por zanjado, cabe añadir que

---

[15] Se refiere a JERÓNIMO DE ESTRIDÓN O EUSEBIO HIERÓNIMO DE ESTRIDÓN [c.342-420], nacido en Dalmacia, más conocido como SAN JERÓNIMO, Padre de la Iglesia, uno de los cuatro grandes Padres Latinos. Gran conocedor del griego y el hebreo y gran latinista, tradujo la Biblia del griego y el hebreo al latín, traducción conocida como la *Vulgata* (del latín *"vulgo"*, "pueblo"; *"vulgata editio"*, "edición para el pueblo"), que fue hasta la promulgación de la Neovulgata en 1979, el texto bíblico oficial de la Iglesia católica romana. Afirmó que las Epístolas de Pablo contienen la quintaesencia del mensaje del Evangelio.

[16] Se refiere a ERNST WILHELM HERRMANN HENGSTENBERG [1802-1869], teólogo y lingüista alemán, escribió y publicó numerosas obras, entre ellas un famoso comentario a los salmos *"Commentar über die Psalmen"*, 1842.

se trata de uno de los poemas más antiguos que existen en el mundo, puesto que en relación a Moisés, Homero[17] y Píndaro[18] son autores relativamente modernos (por así decirlo), y el mismo rey David puede considerarse como un poeta comparativamente reciente. Por tanto, comparados con este antiquísimo poema, los demás salmos son composiciones relativamente modernas, lo mismo que Tennyson[19] y Longfellow[20] son modernos al lado de Chaucer.[21] En cualquier caso estamos hablando de unos cinco siglos de por medio.

JAMES HAMILTON [1814-1867]
"Moses, the man of God", 1876.

---

[17] Se refiere a HOMERO [c. VIII a.C.], nombre dado al más antiguo de los poetas en la Grecia Clásica, a quien se atribuyen los dos poemas épicos más famosos, *La Ilíada,* y *La Odisea.* Entre los investigadores hay considerable debate sobre si Homero fue una persona real o bien el nombre dado a uno o más poetas orales que cantaban o transcribían obras épicas tradicionales.

[18] Se refiere a PÍNDARO [c. VI a.C.], uno de los más célebres poetas líricos de la Grecia clásica. De su obra han llegado hasta nosotros cuatro libros de *epinicios* o cantos corales que suman cuarenta y cinco odas y algunos fragmentos sueltos.

[19] Se refiere ALFRED TENNYSON [1809-1892] Barón de Tennyson, aunque más conocido como LORD TENNYSON, uno de los escritores y poetas inglesas más famosos y populares del post-romanticismo.

[20] Se refiere a HENRY WADSWORTH LONGFELLOW [1807-1882] reconocido escritor y poeta estadounidense, sus obras más conocidas son *"Paul Revere's Ride", "The Song of Hiawatha"* y *"Évangéline".* Estuvo a su cargo la primera traducción llevada a cabo en Estados Unidos de *"La Divina Comedia"* de Dante Alighieri.

[21] Se refiere a GEOFFREY CHAUCER [1340-1400] y a su famosa obra *"The Canterbury Tales"* "Los Cuentos de Canterbury", que escrita en el siglo XIV es una de las obras más importantes de la literatura inglesa. Se compone de un conjunto de relatos y experiencias contados por un grupo de peregrinos que viajan desde Southwark a Canterbury para visitar la capilla de Thomas Becket en la Catedral.

Salmo completo: El salmo 90 podría citarse como la más sublime de todas las composiciones líricas salidas de pluma humana: la más profunda en sentimiento, la más elevada en concepción teológica, la más esplendorosa en sus imágenes gráficas. Fiel en su descripción de la vida humana como algo problemático, transitorio y pecaminoso. Fiel en su planteamiento del Eterno como Soberano y Juez, pero a su vez, refugio y esperanza de los hombres, quienes aún en medio de las pruebas más duras para su fe no pierden en él su confianza, antes bien, firmes en su convicción, le suplican, anticipando de su parte una sazón cercana de refrigerio. Envueltas en misterio, hasta aquel día, aún lejano, en que todas las cosas serán desveladas, las estrofas del Salmo 90 dejan entrever la doctrina de la inmortalidad. Su trágica descripción de la brevedad de la vida humana, y de las penurias que soporta a lo largo de sus corta existencia en la penumbra de este mundo, contrasta con sus aseveraciones de la inmutabilidad divina. Y, aunque oculta bajo términos de piedad obediente y sumisa, resulta evidente que la idea de una vida eterna se halla presente en sus rimas, aunque sea un embrión. No hallamos en él rastro de petulancia u orgullo. Tampoco vestigio alguno de ese virus maligno que induce al hombre a la media blasfemia de cuestionar la equidad o la bondad de los designios y ordenaciones divinas, y que con tanta frecuencia impregna de un matiz ponzoñoso el lenguaje de aquellos que se retuercen a causa de la angustia y la tristeza, bien sea propia o en razón de sus deudos. Pues pocas probabilidades hay de que aquellos que han sufrido en carne propia momentos de amargura y dolor intenso, viéndose obligados a ser meros espectadores, mudos e impotentes, de la desgracia de personas a las que amaban, hayan logrado evitar en su mente conatos de rebeldía. Y esto es algo que contrasta sorprendentemente con la resignación esperanzada que se respira a lo largo de toda esta excelsa oda. Legítimamente o no atribuida al gran legislador judío, lo que se hace innegable es que el Salmo 90 atestigua y refleja su remota antigüedad por sí mismo, desde principio a fin. Y no meramente por la sencillez y simplicidad de su estilo, tan primitiva como majestuosa, sino también, y en sentido negativo, por la manera en que prescinde por completo de los sofisticados giros de pensamiento y de lenguaje tan propios de épocas más tardías —desperdiciadas en la historia moral e intelectual de un pueblo. Este salmo, sin lugar a dudas, es muchos siglos anterior al complejo armazón de ideas y tendencias moralizantes tan característico de períodos posteriores en los que el pensamiento judío ya se había visto influenciado por algo que jamás lograría asimilar e integrar adecuadamente a sus concepciones propias y genuinas: las abstracciones de la filosofía griega.

Si alguien me pidiera definir brevemente y en pocas palabras qué es lo que yo entiendo o trato de decir con el título de: *"The Spirit of the Hebrew Poetry"*[22], le contestaría que la mejor definición, resumida y condensada, es el Salmo 90. Es el más claro ejemplo de lo que trato de explicar. Dado que esta magistral composición aporta suficiente evidencia no solo de la capacidad y talla intelectual de su autor, sino también de los gustos y hábitos

---

[22] Se trata de una cita al título de la propia obra de Isaac Taylor: *"The Spirit of the Hebrew Poetry"*, "El Espíritu de la Poesía Hebrea" publicada en Londres en 1861. Isaac Taylor [1787-1865], fue un erudito y renombrado literato y escritor inglés especializado en filosofía e historia.

de sus contemporáneos, sus lectores[23] y sus herederos. En los siguientes aspectos: ante todo, por el dominio absoluto de su estilo de dicción y fácil simbolismo, libre y convencional, de tal modo que sea cual sea el sentimiento que el alma poética busque expresar, el material poético está siempre a mano, cercano y disponible. Luego está su profundidad de pensamiento: taciturno, reflexivo; y a aún así confiado y esperanzado. Algo sin lo cual la poesía no tiene derecho a reclamar para sí mayor valor y estima que la otorgada a otras artes decorativas, esclavas de las exigencias de un lujo perezoso. Y finalmente, porque en el trasfondo de este espléndido poema se vislumbra de principio a fin la sustancia del pensamiento filosófico, fuera del cual, ni expresada ni entendida, la poesía se vuelve frívola y deja de estar en consonancia y armonía con la realidad y la gravedad de la vida humana; este es el tipo de salmo que hubieran escrito Platón, o Sófocles, de haber estado una u otra de esas mentes preclaras y privilegiadas en posesión, como lo estaba el salmista, de un concepto teológico originado en el cielo y descendido a la tierra.

ISAAC TAYLOR [1787-1865]
"The Spirit of the Hebrew Poetry", 1862

---

[23] En lugar de "lectores" en el texto original inglés Taylor usa la palabra *"hearers"*, "oyentes, escuchadores", dado que en las tradiciones literarias primitivas, los textos solían componerse para ser leídos directamente en voz alta, o memorizados para ser recitados ante un público, de modo que la mayor parte de receptores de ese texto no lo "leían" sino que lo "escuchaban".

3

Vers. 1. *Señor, tú nos has sido refugio de generación en generación.* [*Señor, tú nos has sido por refugio De generación en generación.* RVR77] [*Señor, tú has sido nuestro refugio generación tras generación.* NVI] [*Señor, tú nos has sido refugio de generación en generación.* LBLA]

Señor, tú nos has sido por refugio[24] *de generación en generación.* El salmo por completo ha de ser considerado como una reflexión escrita para las tribus de Israel en el desierto. Sólo así alcanzaremos a percibir el significado primario de cada versículo. Lo que Moisés viene a decirles es: «A pesar de que seamos ahora peregrinos en el desierto, tenemos refugio y amparo en Dios, como lo tuvieron nuestros padres cuando saliendo de Ur de los Caldeos moraron en tiendas entre los cananeos».[25] A los creyentes, los

---

[24] En hebreo מָעוֹן *mā'ōwn*. KRAUS indica que: «es propiamente la guarida de los animales (Nahúm 2:12, Jeremías 9:10, 10:22, 49:33, 51:87). Y luego también la morada o el lugar de residencia de Dios (Deuteronomio 26:15, Jeremías 25:30, Salmo 68:6 y otros). En la raíz עוּן se expresas la idea de "ocultarse, ponerse a cubierto"».
[25] Génesis 12:1-9.

santos del Señor, es el propio Dios auto-existente[26] quien les sirve de morada, lo cual suple con creces las ventajas la más suntuosa mansión; él es quien da cobijo, consuela, protege, preserva y mima a todos los que son suyos. Las zorras tienen guaridas, y las aves del cielo nidos,[27] pero los santos moran en su Dios, y así lo han hecho por todas las edades. No es en el tabernáculo o en el templo donde habitamos, sino en Dios mismo; y así ha sido siempre, desde que la Iglesia existe en el mundo. Y nunca hemos tenido que cambiar de residencia. Los palacios de los reyes se han desvanecido bajo la mano destructora del tiempo; o bien han sido incendiados y han quedado únicamente ruinas humeantes; pero la dinastía imperial del cielo jamás ha perdido su habitación real. Visitad el Palatino en Roma y ved cómo los orgullosos Césares han sido olvidados por aquellas paredes que un día hicieron eco de sus despóticos decretos y retumbaron bajo los aplausos de las copiosas naciones sobre las que regían;[28] y después, volved los ojos hacia arriba, contemplad al Señor Jehová que vive eternamente, y veréis que el hogar divino de los fieles es intocable, no afectado en modo alguno por el paso del tiempo ni el dedo de la decadencia. Donde habitaron nuestros padres a lo largo de cien generaciones, allí habitamos nosotros todavía. Es con respecto a los santos del Nuevo Testamento que el Espíritu Santo exclama: *"El que guarda sus mandamientos, permanece en Dios, y Dios en él"*[29]. Y es la propia boca divina la que afirma: *"Permaneced en mí"* y luego añade *"el que permanece en mí, y yo en él, éste*

---

[26] La expresión original es *"the self existent God"*, es decir, "que existe por sí mismo".
[27] Mateo 8:20.
[28] Eclesiastés 1:14.
[29] 1ª Juan 3:24.

lleva mucho fruto"[30]. No hay nada más dulce y deleitoso que dirigirse al Señor, como hizo Moisés, diciéndole: *"Señor, tú eres nuestra morada, nuestro refugio"*, y es sabio y prudente obtener de la condescendencia eterna del Señor las razones para esperar misericordias, presentes y futuras. Como hace el salmista en el salmo siguiente, el Salmo 91, en el que describe majestuosamente la seguridad absoluta de aquellos que habitan al abrigo del Altísimo y moran bajo la sombra del Omnipotente.

C. H. SPURGEON

Señor. Observemos el cambio progresivo en los nombre de Dios utilizados en este salmo. Moisés comienza con una declaración de la majestad del Señor: *Adonay.*[31] Pero cuando llega al versículo trece abre su oración con el Nombre utilizado para referirse al pacto de gracia y misericordia con Israel: *Yehovah.*[32] Y finalmente los fusiona cuando llega al versículo diecisiete suplicando que sobre el pueblo escogido se manifieste la hermosura de el Señor nuestro Dios: *Adonay-Elohenu.*[33]

CRISTOPHER WORDSWORTH [1807-1885]
"Commentary on the Whole Bible", 1856

Señor, tú nos has sido por refugio de generación en generación. Muchos son los que oran implorando la ayuda de Dios, pero ello no significa que vayan a ser escuchados ni que reciban la protección divina que solicitan. Porque le buscan e imploran ocasionalmente, sólo

---

[30] Juan 15:4-5.
[31] En hebreo אֲדֹנָי *'ăḏōnāy.*
[32] En hebreo יְהוָה *yehôvâh.*
[33] En hebreo אֲדֹנָי אֱלֹהֵינוּ *'ăḏōnāy 'ĕlōhênū.*

en momentos álgidos de tormenta, cuando fracasan en todos los demás recursos, refugios y protecciones. El cristiano debe mantenerse en comunicación constante con Dios; debe morar de forma permanente bajo la sombra del Omnipotente, día tras día; no acudir a él ocasionalmente y con apresuramientos, reclamando su amparo cuando todo lo demás falla.

THOMAS MANTON [1620-1677]
"Two Sermons on Psalm 90", 1681

Señor, tú nos has sido por refugio de generación en generación. Este exordio o introducción al Salmo 90 respira vida, atañe una cierta esperanza de resurrección y vida eterna. Pues invoca a Dios, que es eterno, como *nuestra habitación*; o mejor, *nuestro lugar de refugio* a cuyo amparo podemos acudir en busca de seguridad y protección.[34] Y si Dios es

_____

[34] Dice al respecto BASILIO DE CESAREA [326-379]: «Sí, Dios es nuestro refugio, nuestro *"amparo y fortaleza"* (Salmo 46:1). ¿Y para quiénes es Dios refugio, amparo y fortaleza? Para todos aquellos que pueden exclamar: *"Todo lo puedo en Cristo que me fortalece"* (Filipenses 4:13). Y en este sentido, es privilegio de muchos poder decir *"Señor, tú eres mi refugio"*, de todos aquellos acogidos al don de la gracia. Pero poder decirlo en el sentido absoluto en que lo decía el salmista, ya es otra cosa, eso es facultad sólo de unos pocos. Ya que no son tantos, sino más bien pocos, quienes se muestran capaces de poner su confianza en Dios de un modo absoluto, esto es, capaces de desterrar todo lo humano y acogerse única y exclusivamente a él; dejar a un lado todo lo terreno y en todas sus inquietudes, anhelos y esperanzas, depender de Dios en el mismo sentido vital en que dependen del aire que respiran. Pues tan pronto como las aflicciones nos acosan y amenazan, nuestra humanidad nos atenaza, llevándonos a buscar refugio en cualquier parte menos en Dios. ¿Tenéis un niño enfermo? Corréis de un lado a otro buscando curanderos que alivien su dolencia con encanta-

nuestra morada, y Dios es vida, y nosotros moramos en él, la conclusión necesaria es que moramos en la vida, y por tanto, viviremos para siempre (…) Pues ¿quién se atreve a llamar a Dios morada o refugio de los muertos? o ¿quién es capaz tacharle de sepulcro? ¡No!, Dios es vida, y los que moran en él y permanecen en él como su refugio, viven. Es en este sentido que Moisés, desde la introducción misma del salmo, antes soltar los rayos y truenos de la cólera divina, fortifica a los temblorosos alentándoles a que se agarren firmemente al Señor como lugar de morada de los vivientes, que oren a él y depositen en él su confianza, puesto que: *"tú has sido nuestra habitación"*. Es un concepto extraordinario que no tiene equivalente en ningún otro lugar de la Sagrada Escritura: Dios como nuestra morada. En otros pasajes las Escrituras dan a entender lo opuesto, describiendo a los creyentes como templos de Dios en los cuales Dios habita: *"Porque el templo de Dios es santo, y vosotros sois ese templo"*, les dice Pablo a los Corintios.[35] Pues bien, Moisés nos ofrece la versión opuesta, afirmando en este caso que somos nosotros quienes habitamos en Dios. Porque la palabra hebrea מָעוֹן *mā'ōwn*

---

mientos y prácticas supersticiosas, mediante fórmulas mágicas y exorcismos practicados sobre el cuerpo y alma de un inocente; o finalmente acudís a un médico para que le administre pócimas y medicinas, relegando a Aquel que tiene verdadero poder para sanar. Si habéis tenido un sueño que os inquieta, vais raudos a consultar a un adivino. Y si os sentís temerosos de un enemigo, contratáis un par de guardaespaldas. Dicho de otro modo, con vuestras acciones contradecís de continuo vuestras palabras; con vuestros hechos refutáis y desmentís vuestras afirmaciones; en tanto que por un lado os dirigís a Dios confesándole como vuestro refugio, a la vez que buscáis por el otro amparo en toda suerte de soluciones terrenales, inútiles y vanas. Para el justo, Dios es su único y particular amparo, su fuente exclusiva de verdadero auxilio fortaleza».

[35] 1ª Corintios 3:17.

significa propiamente "lugar de habitación o morada", como cuando la Escritura dice: *"en Sion está su morada"*[36], utilizando la palabra וּמְעֽוֹנָתֽוֹ *ūmə'ōwnāṯōw* de la misma raíz מָעֽין *mâ'ôn*. Y puesto que el propósito de toda morada es ofrecer seguridad, la traducimos por "refugio" o "lugar de refugio", porque es lo que quiere decir. Moisés habla con cuidado y explica con claridad que todas nuestras esperanzas han de estar puestas en Dios, y garantiza a quienes van a orar a Dios que sus esfuerzos no serán en vano, ni morirán, ya que han hecho de Dios su lugar de refugio y de la majestad divina su morada, en la que podrán permanecer seguros para siempre. Pablo se expresa en estos mismos términos cuando escribe a los Colosenses diciéndoles: *"vuestra vida está escondida con Cristo en Dios"*[37]. Por tanto, la forma más clara y luminosa de expresar esta idea, es decir que "los creyentes *viven en Dios*", mucho mejor que decir que es "Dios quien *vive en ellos*". Dios habitaba en Sión de manera visible. Pero ahora las cosas han cambiado. Y puesto que ahora es él (el creyente), quien está en Dios y habita en Dios, está claro que no puede ser expulsado ni trasladado, porque Dios es un tipo de morada que no expira. Cuando Moisés afirma que Dios es nuestro refugio, nuestra morada, trata de describir la realidad más evidente de vida: no en la tierra, no en el cielo, no en el paraíso, sino simple y llanamente, en Dios mismo. Si nos aproximamos a este salmo dándole este enfoque, se nos hará dulce y utilísimo en todos los sentidos. Cuando yo era un monje y leía este Salmo, con frecuencia me sentía en la necesidad a soltar el libro y abandonar su lectura. Porque entonces ignoraba que los terrores que en él se describen no son aplicables al creyente, al alma renovada y reavivada. Tampo-

---

[36] Salmo 76:2.
[37] Colosenses 3:3.

co sabía que Moisés estaba dirigiéndose a una multitud terca y orgullosa, que ni entendía ni se preocupaba por la ira de Dios, y que no se sentía humillada por las muchas calamidades que padecía, ni tan siquiera ante la perspectiva de una muerte cercana.

MARTÍN LUTERO [1483-1546]
"Enarratio Psalmi 90", 1534

Señor, tú nos has sido por refugio de generación en generación. En esta primera parte el profeta reconoce que Dios, a lo largo de todos los tiempos y edades, ha tenido un cuidado especial de sus siervos y de sus santos proporcionándoles todas las cosas necesarias para la subsistencia; ya que es obvio que con el uso del término hebreo מָעוֹן *mâ'ôn*, *"lugar de morada"*, *"habitación"* o *"refugio"*, el profeta entiende el conjunto de todas las ayudas y consuelos necesarios para la vida, tanto para el sustento como para la protección. Es preciso recalcar que disponer de una habitación, de unas paredes con un techo bajo el cual refugiarse, no implica sólo la idea de un lugar donde evitar las inclemencias del tiempo y guardar en su interior los objetos y útiles necesarios para la vida; o de un alojamiento confortable donde descansar del trabajo diario, relacionarnos con nuestros deudos y otros semejantes y dar gloria a Dios; sino también un lugar de protección y refugio, donde evitar los embates de las bestias salvajes y atrincherarnos ante posibles ataques de nuestros enemigos. Pero el profeta parece remarcar aquí una providencia divina especial y de carácter más directo: *"tú nos has sido refugio"*, a aquellos que se sentían más olvidados y desamparados de entre todos los pueblos de la tierra. Pues mientras las demás gentes contaban con habitaciones y moradas arraigadas en la tierra, viviendo rodeados de comodidades en casas y edificios dentro de ciudades fortificadas, el pueblo de Dios deambulaba siempre de un lado para otro sin casa y sin hogar. A Abraham Dios le sacó de su país natal, de la casa de su padre, donde con toda probabilidad habitaba en un edificio bien construido y gozaba de copiosas rentas, y le mandó vivir como extranjero en un país foráneo, en medio de gente extraña a la que no conocía; morando en tiendas, pabellones y cabañas, con pocas esperanzas de poder asentarse y vivir en un lugar fijo y cómodo.[38] Y su posteridad vivió de manera similar: Isaac, Jacob y los doce patriarcas, deambularon de un lugar a otro en la tierra de Canaán; de allí se trasladaron a la tierra de Egipto, donde habitaron como inquilinos, hasta caer finalmente en tal cautiverio y esclavitud, que más les hubiera valido permanecer deambulando de un lugar a otro sin casa y sin hogar.[39] Tras esto, deambularon por cuarenta años (época en la que fue escrito este salmo) por un desierto desolado, cambiando de un lugar a otro como si estuvieran en un laberinto. De modo que entre todos los pueblos de la tierra, el escogido por Dios vivía como peregrino y proscrito, sin casa ni hogar. Por ello el salmista enfatiza que era Dios mismo, directamente y a través de su extraordinaria providencia, quien los había protegido por muchas épocas, constituyéndose en su habitación y refugio; hasta el punto que cuanto más privados estaban de las comodidades comunes de esta vida, más cercanos estaban de Dios, que seguía a su lado supliendo por vías extraordinarias todo aquello que pudiera faltarles y que los demás suelen obtener por cauces ordinarios.[40] Meditar debidamente en esta realidad aportará mucho gozo y consuelo a numerosos hijos de Dios que a veces se sienten perplejos y humillados, al constatar que la

---

[38] Génesis 12:1-3.

[39] Números 14:20-35. Deuteronomio 26:6-10.

[40] Como fue el caso del Maná o las codornices (Éxodo 16:1-36).

condición de mortales es común a todos los seres humanos, con independencia de que confíen en Dios y dependan de él en una manera especial.

WILLIAM BRADSHAW [1571-1618]
"A Meditation of Man's Mortalitie. Containing an Exposition of the Ninetieth Psalme", 1621

Tú nos has sido por refugio o morada. Dios creó la tierra firme para que la habitaran las bestias del campo, el mar para los peces, el aire para las aves, y el cielo para los ángeles. Y todo ello con un propósito: que el hombre, al carecer de morada propia, se viera en la obligación de morar en el propio Dios y buscar refugio únicamente en él.

GIOVANNI PICO DELLA MIRANDOLA [1463-1494]
"Oratio de hominis dignitate", 1486

Vers. 1, 2. El consuelo del creyente ante las miserias de esta corta vida terrenal, surge del decreto de su elección y del pacto eterno de redención, establecido en beneficio suyo en el consejo y propósito de la Santísima Trinidad, y en el cual se acordó desde antes de la fundación del mundo, que el Verbo hecho carne sería el Salvador de los escogidos.[41] Las afirmaciones que se hacen en el Salmo 90 referentes a la eternidad de Dios, son en relación al pueblo escogido: *"Tú nos has sido refugio de generación en generación"* (90:1), y *"desde el siglo y hasta el siglo, tú eres Dios"* (90:2). Lo cual en esencia viene a decir: "desde el siglo y hasta el siglo tú eres el mismo Dios, inmutable e inalterable en sus propósitos y en su afecto hacia nosotros que somos tu pueblo, y por tanto, *eres **nuestro Dios**, desde el siglo y hasta el siglo,* en lo

---

[41] Salmo 2:7; 110:4; Filipenses 2:5-11.

que respecta a tu propósito eterno de amor: al elegirnos, y al redimirnos por medio del Redentor".[42]

DAVID DICKSON [1583-1663]
"A Brief Explication of the Psalms from L to C", 1655

Vers. 1, 2. Si bien el hombre es efímero, Dios es eterno.
JAMES HAMILTON [1814-1867]
"Moses, the man of God", 1876

Vers. 1-6.

Dios nuestro apoyo en los pasados siglos,
nuestra esperanza en años venideros,
nuestro refugio en hórrida tormenta,
y nuestro amparo eterno.

Bajo la sombra de tu augusto trono,
en dulce paz tus santos residieron;
tu brazo solo a defendernos basta,
y nuestro amparo es cierto.

Tú conviertes, Señor al hombre en polvo,
el mismo polvo que brotó primero;
y cuando lanzas la palabra "Vuelve"
te obedece al momento.

En nuestra vida toda y en la muerte,
en tu promesa nuestra fe ponemos;
y nuestros hijos cantarán gozosos,
cuando hayamos ya muerto.[43]

---

[42] Hebreos 13:20.
[43] Algunos revisores modernos de nuestros himnarios han sustituido la última línea de esta estrofa por las palabras *"guardando tus preceptos"* o algo similar. Posiblemente, la idea de que los padres

"Con vosotros estoy" el Señor dice;
"Mis santos gozarán seguro puerto,
no abandono jamás al que es mío,
por quien yo mismo he muerto"

Dios nuestro apoyo en los pasados siglos,
nuestra esperanza en años venideros,
sé tu nuestra defensa en esta vida
y nuestro hogar eterno.

ISAAC WATS [1674-1748][44]
Himno *"Our God, Our Help in Ages Past"*
adaptado al español por JOSÉ M. DE MORA (-1862)

---

afirmen que sus hijos cantarán gozosos cuando ellos hayan muerto les pareció demasiado fuerte y poco digerible para las mentes actuales del siglo XXI, o posiblemente no entendieron el sentido y la relación de estas palabras con el contexto histórico del salmo. Los israelitas para quienes Moisés escribió originalmente el Salmo 90 sabían bien que habían sido condenados por Dios a morir en el desierto, toda la generación entera que salió de Egipto. Pero como bien explican más adelante tanto el propio Spurgeon como JOSEPH FRANCIS THRUPP [1827-1867] al comentar los versículos dieciséis (90:16): *"Manifiéstese a tus siervos tu obra, y tu gloria sobre sus hijos"*, y diecisiete (90:17) donde pide: *"La obra de nuestras manos confirma"* (Ver comentario de Thrupp en Vers. 16-17, en este mismo Salmo 90) «Se conformaban con vivir y morir como peregrinos, siempre y cuando supieran que a través del trato severo que les estaba dando, Dios preparaba poco a poco el camino hacia esa manifestación gloriosa de bendición que sería la porción de sus descendientes». ¡Esto es lo que el poeta tenía en mente al escribir "cuando hayamos ya muerto"! Los revisores españoles del himno no lo entendieron y cambiaron las palabras del himno original por algo más acorde con el pensamiento contemporáneo. ¡Qué atrevida es la ignorancia!

[44] Spurgeon incluye aquí un hermoso poema inglés de SIR FRANCIS BACON [1561-1626] sobre el Salmo 90 que comienza diciendo: *"O Lord, thou art our home, to whom we fly"*. Hemos considerado más

Vers. 2. *Antes que naciesen los montes y formases la tierra y el mundo, desde el siglo y hasta el siglo, tú eres Dios.* [*Antes que naciesen los montes y formases la tierra y el mundo, desde el siglo y hasta el siglo, tú eres Dios.* RVR77] [*Desde antes que nacieran los montes y que crearas la tierra y el mundo, desde los tiempos antiguos y hasta los tiempos postreros, tú eres Dios.* NVI] [*Antes que los montes fueran engendrados, y nacieran la tierra y el mundo, desde la eternidad y hasta la eternidad, tú eres Dios.* LBLA]

Antes que naciesen los montes. Antes que esos ancianos gigantes de piedra surgieran forcejeando de la matriz de la naturaleza, como sus imponentes primogénitos, el Señor ya era glorioso y se bastaba por sí mismo. Para Él las montañas, escarchadas por las nieves del tiempo, son como recién nacidos, cual si su aparición hubiera tenido lugar ayer, algo nuevo y reciente.

Y formases la tierra y el mundo. Nuevamente encontramos clara alusión al nacimiento. La tierra nació hace pocos días, y su superficie emergió de las aguas justo ayer.[45]

---

apropiado y conveniente sustituirlo por el himno de Isaac Wats [1674-1748] *"Our God, Our Help in Ages Past"* sobre este mismo salmo, y adaptado al español por José M. de Mora [¿?-1862].

[45] Schökel hace al respecto este interesante comentario: «El poeta se quiere remontar mucho más lejos de cualquier generación israelita o humana, y tropieza con las montañas que ya estaban ahí. ¿Y por qué no los astros o constelaciones como en Job 38? Porque el poeta afinca la mirada en territorio humano, la tierra ¡Que siendo su territorio, dure mas que él, que siendo mirado y hollado, le sobreviva! Con los verbos escogidos, la creación de la tierra es como un parto; ¿estará también ella condenada a muerte?».

Desde la eternidad y hasta la eternidad,[46] tú eres Dios. Una traducción más literal sería: *"tú eres, oh Dios"*[47]. Dios era y existía cuando nada más era ni existía. Era Dios cuando la tierra no era un mundo sino caos; cuando los montes no se habían erguido y las generaciones de los cielos y la tierra no tenían aún principio. Por ello en este Ser Eterno hay refugio seguro para todas las generaciones sucesivas del hombre. Si Dios fuera algo temporal, que surgió en el transcurso del tiempo, no sería refugio apropiado siquiera para seres mortales; si pudiera cambiar o dejar de ser Dios no sería sino morada incierta para su pueblo. Por ello el salmista, antes de seguir proseguir en su oda, establece la existencia eterna de Dios, en contraste con la brevedad de la vida humana.

C. H. SPURGEON

---

[46] En hebreo וּמֵעוֹלָם עַד־עוֹלָם *ûmê'ōwlām 'ad 'ōwlām,* "de eternidad a eternidad" o "desde el siglo hasta el siglo". Era la forma más habitual y expresiva entre los hebreos para declarar la idea de eternidad.

[47] En hebreo אַתָּה אֵל *'āttāh 'êl.* Dice al respecto AGUSTÍN DE HIPONA [353-429]: «*"Tu eres Dios",* un presente continuo jamás interrumpido. No dice "eras Dios antes del siglo y lo serás después del siglo" sino *"eres",* estableciendo de ese modo que Dios es inmutable, para él no hay pasado ni futuro, únicamente presente; Dios no *"era"* ni *"será",* simplemente *"es"*; no hay para él tiempo pasado ni futuro, todo es un eterno presente; para él no existe el ayer ni el mañana, todo es hoy. Por esto leemos: *"YO SOY EL QUE SOY (...) así dirás a los hijos de Israel: 'YO SOY me ha enviado a vosotros.'"* (Éxodo 3:14); y también *"como un vestido los mudarás, y serán mudados; pero tú eres el mismo, y tus años no se acabarán"* (Salmo 102:27-28). Ved, pues, en qué manera la propia *"eternidad"* se ha hecho nuestro refugio, para que guarecidos en ella nos veamos libres de nuestra mutabilidad terrenal y permanezcamos a su lado para siempre»

Y formaste la tierra y el mundo. La palabra hebrea אֶרֶץ *'ereṣ*, que aquí se traduce por *"tierra"*, refleja la misma distinción que en Génesis se establece entre la tierra y los cielos;[48] y entre la tierra y mares.[49] La palabra וְתֵבֵל *wəṯêḇêl*, *"mundo"*, por regla general se utiliza en el texto hebreo para referirse a lo que entendemos como tierra *habitada* o susceptible de ser habitada, un lugar de morada para los seres vivos.

ALBERT BARNES [1798-1870]
"Notes, critical, explanatory, and practical, on the book of Psalms", 1868

Desde la eternidad y hasta la eternidad, tú eres Dios. La perennidad o *"eternalidad"*[50] de la que nos habla aquí Moisés no se aplica sólo a la esencia de Dios, sino también a su providencia, por medio de la cual gobierna el mundo. Lo que se propone es confirmar no sólo el hecho de su existencia: *que Dios es*, sino también su función y cometido: *que es Dios*.

JUAN CALVINO [1509-1564]

Antes que naciesen los montes y formases la tierra y el mundo, desde el siglo y hasta el siglo, tú eres Dios. Ese es el Dios que tenemos –afirma el salmista–, el Dios

---

[48] Génesis 1:1.
[49] Génesis 1:10.
[50] El texto inglés utiliza aquí la palabra *"everlastingness"* que no tiene un equivalente concreto en español. Hemos creído conveniente acuñar el término *"eternalidad"* que aunque no figura en el diccionario de la Real Academia de la Lengua Española ni en el "Diccionario de la Lengua Española" (edición de 2014), pensamos puede ayudar a los lectores a comprender mejor el concepto.

que adoramos, el Dios a quien oramos; a cuyo mandato surgieron todas las cosas creadas; que llamó lo que existe de lo que no existía. Y si un Dios semejante nos favorece, ¿qué motivos tenemos para sentir temor? ¿Por qué hemos de temblar ni aún ante la ira del mundo entero? Si él es nuestra morada, ¿no estaremos seguros aunque los cielos crujan y sean destruidos? Nuestro Señor es superior al mundo entero, tan grande y poderoso que una sola Palabra suya hace que las cosas aparezcan y sean. Y a pesar de ello, reaccionamos de manera tan pusilánime que si nos vemos en la circunstancia de tener que afrontar la ira de un solo príncipe o de un rey, es más, aún la de un simple vecino, temblamos y se nos encoge el ánimo. ¡Cuando comparado con nuestro Rey, todo lo que hay en el mundo es como una insignificante partícula de polvo de las que la brisa lleva de un lado a otro sin darle un instante de reposo! La descripción de Dios que encontramos en el salmo noventa es muy consoladora en este sentido, y todos los espíritus pusilánimes y de ánimo temblorosos deberían buscar en ella consolación frente a tentaciones y peligros.

Martín Lutero [1483-1546]
"Enarratio Psalmi 90", 1534

Vers. 3. ***Vuelves al hombre hasta ser quebrantado, y dices: Convertíos, hijos de los hombres.*** *[Reduces al hombre hasta convertirlo en polvo, y dices: Volved, hijos de los hombres. RVR77] [Tú haces que los hombres vuelvan al polvo, cuando dices: «¡Vuélvanse al polvo, mortales!». NVI] [Haces que el hombre vuelva a ser polvo, y dices: Volved, hijos de los hombres. LBLA]*

Haces que el hombre vuelva a ser polvo, o *"haces que los hombres vuelvan al polvo"*[51]. El cuerpo del hombre queda reducido y disuelto en sus elementos como si hubiera sido triturado y molido.

Y dices: Volved, hijos de los hombres.[52] O también: *"regresad al polvo de donde salisteis".* Con ello, el salmista establece y enfatiza drásticamente la fragilidad del ser humano. Dios lo creó del polvo de la tierra, y al polvo regresa con una palabra de su Creador. Dios resuelve y el hombre se disuelve. Con una palabra suya lo crea y con una palabra suya lo destruye. Y es significativo reparar aquí en la manera en la que el salmista reconoce la acción directa de Dios en el proceso; no dice que el hombre muera en razón del decreto establecido o como consecuencia de una ley ineludible, sino que describe claramente al Señor como causa, como agente activo y directo en el proceso, mueve su mano: *"vuelves al hombre"* y se pronuncia con

---

[51] En hebreo תָּשֵׁב אֱנוֹשׁ עַד־דַּכָּא *ṯāšêḇ 'ĕnōwōš 'aḏ dakkā*. La idea del salmista concuerda con la de Génesis 3:19, לְקַחְתָּ כִּי־עָפָר אַתָּה וְאֶל־עָפָר תָּשׁוּב *luqqāḥətā kî-'āp̄ār 'āttāh wə'el- 'āp̄ār tāšūḇ "pues polvo eres, y al polvo volverás".* Aunque en el caso de génesis la palabra que utiliza para decir *"polvo"* es distinta a la del Salmo 90: utiliza עָפָר *'āp̄ār* en lugar de דַּכָּא *dakkā*, pero el verbo para decir *"volver"* o *"regresar",* שׁוּב *shub,* es el mismo.

[52] En hebreo שׁוּבוּ בְנֵי־אָדָם *šuḇū ḇənê-'āḏām.* JOSÉ Mª MARTÍNEZ [1924-] en "Salmos Escogidos" lo traduce como *"Retornad, hijos de Adán"* y comenta al respecto: «Algunas versiones han traducido: *"Convertíos, hijos de los hombres",* y se ha interpretado el texto como un llamamiento a la conversión a Dios; pero el verbo hebreo שׁוּבוּ *šūḇū* significa retornar. Y en el texto del salmo no se trata de un retorno a Dios, sino al polvo de la tierra de donde el hombre había sido tomado (Génesis 2:7; 3:19; Job 34:15; Eclesiastés 12:7)» SCHÖKEL traduce en la misma línea: *"¡Volved, hijos de Adán"* y KRAUS: *"¡Volved, hijos de los hombres!".*

su voz: *"y dices"*. De no ser por ello no habría muerte. No habría poder suficiente, ni en la tierra ni en el mismísimo infierno, capaz de aniquilarnos.

> *"No hay brazo de ángel capaz de arrebatarme de las garras de la tumba,*
>   *como tampoco miríadas de ángeles bastarían para confinarme a ella"*[53]

C. H. SPURGEON

Vuelves al hombre hasta ser quebrantado. El salmista concibe aquí a Dios en el papel de un alfarero: después de mezclar el polvo con agua hasta formar una masa de barro, haberlo moldeado en forma de vasija y haberla cocido, decide al minuto, o a la hora, deshacerse de ella; y la rompe en pedazos, triturándolos hasta molerlos al tiempo que se dirige a ella diciéndole: *"Regresa, regresa al polvo"*[54]. La palabra hebrea que la versión inglesa KJV traduce aquí por *"destruction"*, y la española Reina Valera 1960 por *"quebrantado"*[55], significa "moler, triturar, machacar" algo hasta convertirlo en polvo. Parece que el profeta hace alusión al Génesis, donde Dios dice a Adán: *"pues polvo eres, y al polvo volverás"*[56]. Como tratando de decir: «Oh Señor, tú que hiciste al hombre del polvo de

---

[53] Una cita del poeta inglés EDWARD YOUNG [1683-1765], uno de los llamados *"Graveyard poets"*, "poetas de cementerio", un grupo de poetas prerrománticos ingleses del siglo XVIII conocidos por sus composiciones sobre la muerte y que en el texto original dice así: *"An angel's arm can't snatch me from the grave; / legions of angels can't confine me there"*.

[54] Job 10:9.

[55] En hebreo דַּכָּא *dakkâ'*, "polvo, mezcla molida o pulverizada", algo convertido en partículas.

[56] Génesis 3:19.

la tierra, lo vuelves a transformar nuevamente en tierra; lo creaste con una sola palabra a tu mandato, y así también con una sola palabra lo destruyes convirtiéndolo de nuevo el polvo, como hace el hombre que construye una cosa y la destruye poco después. Sí, lo destruyes con una sola palabra salida de tu boca, y ante ella no hay oposición ni resistencia posible; de nada valen dietas, ni ejercicio físico, ni medicinas, ni oraciones, ni cosa alguna en este mundo, pues nada logra mantener la vida de un hombre cuando tú ordenas que cese. Y es algo que puedes hacer repentinamente, en cualquier momento, en un abrir y cerrar de ojos. Sabiendo pues que en un instante, con una sola palabra, puedes convertir en polvo al más fuerte y poderoso de los hombres, deberíamos temerte tanto como apreciamos la vida; y procurar no ofenderte ni causarte desagrado".

WILLIAM BRADSHAW [1571-1618]
*"A Meditation of Man's Mortalitie. Containing an Exposition of
the Ninetieth Psalme",* 1621

Vuelves al hombre hasta ser quebrantado. El sentido de la primera de las dos palabras hebreas que se utilizan en este texto para referirse al *"hombre"* אֱנוֹשׁ *'ĕnōwōš* define al ser humano sumido en su miseria, cargado de enfermedades y dolencias, azaroso y desdichado. La segunda, que hallamos al final del versículo: אָדָם *'âdâm,* significa hombre hecho *de arcilla,* o del barro de la tierra. Con ello nos enseña cuál es la verdadera naturaleza de todos los seres humanos, de todos los hijos de *Ad*án[57]: pedazos de barro viviente, pequeños fragmentos de arcilla roja. El hombre es, por tanto, un ser muy frágil, susceptible de *ser quebrantado* y *molido,* pues la materia de la que está hecho,

---

[57] En hebreo בְּנֵי־אָדָם *bᵊnê- 'âdâm,* "hijos de Adán".

un minúsculo pedazo de arcilla roja, es un material tan quebradizo que el alma viviente, que por un tiempo reside dentro del mismo, vuela muy pronto de nuevo a Dios que la dio, y el cuerpo, mero polvo de la tierra, regresa a la tierra de la que procede. Y esto es innegable, pues aún si no tuviéramos las Sagradas Escrituras para advertirnos de ello, bastaría con nuestra experiencia, que lo evidencia día tras día delante de nuestros ojos, repitiendo el proceso y mostrándonos con claridad, que todos los hombres, sin excepción alguna: incluidos los más sabios, los más fuertes, y aún los más grandes y poderosos monarcas y príncipes de este mundo; no son más que seres frágiles y desdichados, hechos del polvo de la tierra, y que muy pronto regresan de nuevo al lugar del que proceden: al polvo de la tierra.

SAMUEL SMITH [1588-1665]
"Moses his Prayer: An exposition of the nintieth Psalme",
London, 1656

Vuelves al hombre hasta ser quebrantado. Dice al respecto Agustín de Hipona: «Andamos constantemente rodeados de peligros. Si fuéramos en realidad frágiles vasos de cristal, tendríamos menos motivos para sentirnos atemorizados de los realmente tenemos siendo lo que somos. ¿Y qué cosa hay más frágil que un vaso de cristal? Pues aún siendo tan frágil, si es celosamente preservado puede permanece intacto durante siglos y siglos; nosotros no. Por lo que es propio afirmar que nosotros somos mucho más frágiles y endebles».

THOMAS LE BLANC [1599-1669]
"Psalmorum Davidicorum Analysis : in qua aperte cernitur singulis in Psalmis ordinem esse admirabilem : adjungitur commentarius amplissimus", 1645

Volved, hijos de los hombres. Cuando a uno le preguntaron: "¿Qué piensa usted que es la vida?" Respondió sin responder: Se dio la vuelta y prosiguió su camino. Esto es la vida.

JOHN TRAPP [1601-1669]
"Commentary on the Old and New Testaments", 1654

Vers. 4. *Porque mil años delante de tus ojos son como el día de ayer, que pasó, y como una de las vigilias de la noche.* *[Porque mil años delante de tus ojos son como el día de ayer, que pasó, y como una de las vigilias de la noche. RVR77] [Mil años, para ti, son como el día de ayer, que ya pasó; son como unas cuantas horas de la noche. NVI] [Porque mil años ante tus ojos son como el día de ayer que ya pasó, y como una vigilia de la noche. LBLA]*

Porque mil años delante de tus ojos son como el día de ayer, que ya pasó. ¡Mil años! Es un extenso período de tiempo. Cuántas cosas alberga un milenio: el surgimiento y caída de imperios; la gloria y extinción de dinastías; el éxito y fracaso de elaborados sistemas filosóficos; incontables sucesos. Todos ellos importantes para muchas personas en particular, hogares y familias en distintos lugares, por mucho que pasen desapercibidas a la pluma de los historiadores. Y sin embargo, tan dilatado período, que puede calificarse como límite de lo que conocemos como historia moderna, y que en lenguaje humano equivale prácticamente a un lapso de tiempo indefinido, para el Señor no es nada. Como el día de ayer que ya pasó. Y visto de esta perspectiva, un mero instante de futuro es infinitamente más largo que todo *"el día de ayer, que ya pasó"*; porque lo que ya pasó ha dejado de existir. Y sin embargo, equivale a mil años del Eterno. Todas nuestras descripciones más extendidas y elaboradas del tiempo, puestas al lado de la eternidad, son meros puntitos en un lienzo; pues de hecho, entre una cosa y otra no hay comparación posible.[58]

> *Dios eterno en tu presencia*
> *minutos los siglos son,*
> *y un segundo la existencia*
> *de cada generación.*
> *Mas al hombre que a tu lado*
> *ansía a Ti volar con fe,*
> *en su curso prolongado*
> *¡cuán lentos los años ve![59]*

Y como una de las vigilias de la noche. Es decir, un período de tiempo que se va tan deprisa como viene. En mil años apenas da para que los ángeles hagan su cambio de guardia, pues cuando acaba su milenio de servicio, para ellos es como si la vigilia acabara de empezar. Nosotros soñamos durante toda la noche, pero Dios vela constantemente, y para él, mil años equivalen a nada. Nosotros, para sumar mil años, hemos de combinar muchos días y

---

[58] Dice sobre esto Agustín de Hipona [353-429]: «Nunca han faltado ni faltan en el pueblo de Dios quienes se empeñan en escrutar el calendario de divino y determinar los tiempos de las cosas, en qué fecha sucederá esto o aquello. Comenzando por los propios apóstoles, a quienes Jesús tuvo que reprender diciendo: *"No os toca a vosotros conocer los tiempos o las sazones que el Padre puso en su sola potestad"* (Hechos 1:17)».

[59] Esta primera estrofa del hermoso himno de Juan Bautista Cabrera [1837-1916] no figura en el texto original de Spurgeon. Lo hemos añadido pon considerarlo especialmente apropiado a sus palabras.

noches, pero para Dios, es un período que no alcanza a cubrir una noche, sólo una breve porción de la misma. Y si mil años son para Dios una sola vigilia, ¡cómo habrá de ser la existencia eterna del Eterno!

C. H. SPURGEON

Porque mil años son como el día de ayer. Para un hombre rico, mil doblones de oro[60] son como un centavo; así también para el Dios eterno, mil años, son como un día.

JOHN ALBERT BENGEL [1678-1752]
"Gnomon Novi Testamenti", 1734

Son como el día de ayer, que pasó, y como una de las vigilias de la noche. El salmista precisa aquí la cláusula anterior introduciendo una sustancial reducción en los períodos de tiempo, matizando que el período completo de una vida humana, pese que en ciertos casos pueda llegar a ser largo y alcanzar como alguno de los patriarcas cerca de los mil años, para Dios sigue siendo nada, y lo estima no ya como un solo día que pasó, sino menos aún, escasamente una cuarta parte de una noche, pues las noches se dividían en cuatro vigilias de tres horas cada una. Y ciertamente, el uso que hace aquí del término *noche*[61] no es fortuito, sino intencionado en el sentido, puesto que la mayor parte de la vida humana transcurre envuelta en oscuridad, es decir: errores, peligros, temores y angustias.

HENRICUS MOLLERUS [1530-1589]
"Enarrationis Psalmorvm Davidis, ex praelectionibvs", 1639

---

[60] La expresión original utilizada en inglés es *"a thousand sovereings".* El *"sovereing"* era una antigua moneda de oro inglesa equivalente a una libra esterlina.

[61] En hebreo בַּלָּיְלָה *ballāyəlāh* de לַיְלָה *layil.*

Como una de las vigilias de la noche. La noche siempre da la sensación de ser más corta que el día, parece transcurrir con mayor rapidez, en tanto que aquellos que duermen, como dice Eutimio,[62] pierden la noción del tiempo. Por contra, de noche la oscuridad dificulta ver y percibir las cosas, por lo cual a quienes trabajan de noche las horas se les hacen largas y el tiempo les transcurre más lento que a los que se acuestan plácidamente con el trabajo hecho.

JOHANNES LORINUS DE AVIGNON [1569-1634]
"Commentariorum in librum Psalmorum", 1616

Como una de las vigilias de la noche. En una anotación referente a este versículo Sir John Chardin[63] observa que en oriente la gente no tiene relojes, por lo que tanto el día como la noche se dividen en partes iguales, ocho en total, que se anuncian públicamente. En la India, en las grandes ciudades, las diferentes partes de la noche se indican públicamente haciendo sonar instrumentos, y en especial por los cambios de guardia, que con sus gritos y redoblar de tambores señalan el transcurso de las cuatro vigilias. Al escuchar esos gritos despiertas súbitamente, pero te

---

[62] Se refiere a EUTIMIO EL GRANDE [377-473], abad de Palestina.

[63] Se refiere a JEAN-BAPTISTE CHARDIN [1643-1713], más conocido como SIR JOHN CHARDIN, nacido en el seno de una familia de protestantes hugonotes en Francia, afamado joyero, incansable viajero y autor de una famosa obra titulada *"Voyages de monsieur le chevalier Chardin en Perse et autres lieux de l'Orient",* 1711, en la que relata sus experiencias en Persia y Oriente Medio, considerada durante muchos años como la mejor obra de referencia sobre costumbres orientales. A causa de la persecución de los hugonotes en Francia, se afincó en Londres, donde Carlos II lo invistió caballero en 1681 otorgándole el rango de *Sir.* Un año después, en 1682, entró a formar parte de la *Royal Society.*

duermes de nuevo hasta escuchar los gritos del siguiente cambio, cuando de nuevo despiertas, pero te da la extraña sensación de que el tiempo transcurrido entre vigilia y vigilia ha sido tan sólo un instante.

THOMAS HARMER [1714-1788]
"Observations on various Passages of Scripture", 1774

Porque mil años delante de tus ojos son como el día de ayer, que pasó, y como una de las vigilias de la noche. Con intención de darnos una idea del concepto de eternidad que resulte asequible a nuestra mente, el Espíritu Santo se expresa en este versículo en términos humanos. Si mil años terrenos en la vida de Dios no son más que un solo día, entonces, trescientos sesenta y cinco mil años terrenos, para Dios, equivalen solo a un año; y en consecuencia, setenta años en la vida de Dios equivaldrían a veinticinco millones quinientos cincuenta mil años terrenos.[64] Aunque todo cálculo es meramente ilustrativo, ya que no es posible establecer proporciones entre tiempo y eternidad.[65] Para entenderlo hemos de lanzar nuestros pensamientos más mucho allá de todos nuestros conceptos del tiempo, puesto que los días y los años tal como nosotros los conocemos miden sólo la duración de las cosas creadas, y aún de ellas únicamente las materiales y

---

[64] 2ª Pedro 3:8.
[65] MARTÍN LUTERO lo explica de ese modo: «El tiempo, que nosotros vemos y medimos como una cinta métrica desenrollada y extendida, Dios lo ve enrollado en una madeja compacta. De modo que para él, los dos, el primer hombre y el último hombre están uno al lado de otro, o la muerte y la vida son un solo instante». SCHÖKEL se pronuncia en el mismo sentido: «No podemos aplicar a Dios las dimensiones del espacio, pues ni tampoco en años de luz se mide su distancia Los conceptos y representaciones que llamamos días, noches, años, no hacen sentido aplicados a Dios».

corporales, las sometidas a los movimientos de los cielos que son las que marcan nuestros días y años.

STEPHEN CHARNOCK [1628-1680]
"The Existence and Attributes of God", 1682

Porque mil años delante de tus ojos son como el día de ayer, que pasó, y como una de las vigilias de la noche. Las distintas edades y las dispensaciones, la promesa hecha a Adán, el convenio con Noé, el juramento a Abraham, el pacto con Moisés: son sólo *"vigilias"*, a través de las cuales los hijos de los hombres, sumidos en la tiniebla de la noche para las cosas creadas, deben aguardar el amanecer de las cosas no creadas. Pero ya ahora, nos dice el apóstol: *"la noche está muy avanzada, y el día está cerca"*[66].

JOHN WILLIAM BURGON [1813-1888]
"A Plain Commentary on the Four Holy Gospels: Intended Chiefly for Devotional Reading, 1859

Vers. 5. *Los arrebatas como con torrente de aguas; son como sueño, como la hierba que crece en la mañana. [Los arrebatas como con torrente de aguas; son como un sueño, como la hierba que brota en la mañana. RVR77] [Arrasas a los mortales. Son como un sueño. Nacen por la mañana, como la hierba. NVI] [Tú los has barrido como un torrente, son como un sueño; son como la hierba que por la mañana reverdece. LBLA]*[67]

---

[66] Romanos 13:12.
[67] Un versículo complicado en su traducción y que precisa un análisis a fondo. La *Septuaginta* o Versión griega de los LXX se aparta casi por entero del Texto Masorético: ὁ ἐξουδένωμα αὐτός ἔτος εἰμί ὁ πρωΐ ὡσεί χλόη παραἔρχομαι y la *Vulgata* traduce: *"quae*

Los arrebatas como con torrente de aguas.[68] Cual torrente que arrasa a su paso arrastrando todo lo que encuentra por delante, así hace el Señor por medio de la muerte con las generaciones de seres humanos. Cual el viento huracanado que barre en pocos instantes las nubes del firmamento, así dispersa y deshace a los hijos de los hombres.

Son como un sueño.[69] Ante los ojos de Dios, los hombres deben parecer algo tan irreal como los sueños de la noche, como fantasmas oníricos. Pues no sólo nuestros

---

pro nihilo habentur eorum anni erunt", "Cosas que por nada son reputadas así serán los años de ellos". KRAUS dice al respecto: «Se han hecho muchas conjeturas acerca de este texto, que indudablemente se halla corrompido (…) habría que admitir un error de copista, que escribió מ en vez de צ». Ver al respecto la nota siguiente.

[68] En hebreo es una sola palabra זְרַמְתָּם *zəramtām*. SCHÖKEL la traduce: *"Los arrastras",* y esa misma línea sigue la NVI: *"Arrasas a los mortales".* J. M. MARTÍNEZ, más explicativo, traduce: *"Los arrastras como con torrente".* KRAUS, alegando que el Texto Masorético se encuentra corrompido, va por otro camino y siguiendo las opiniones de Duhm y Kittel cambia la מ por la צ leyendo סחְצָרֵן y traduciendo: *"siembras"* en lugar de *"arrastras".* Con ello, la primera parte del versículo enlaza mejor con la segunda y forma un solo bloque con el versículo siguiente (90:6): *"Tú los siembras, año tras año son como la hierba que vuelve a crecer. A la mañana brota y crece, al atardecer se marchita y se seca".* Aunque sin duda esta ingeniosa "reconstrucción" puede dar mayor sentido a ambos versículos, en nuestra opinión (y así lo ven también una muchos exégetas) resulta innecesaria y pensamos que es ir demasiado lejos.

[69] Las palabras del salmista nos recuerdan mucho las del dramaturgo español PEDRO CALDERÓN DE LA BARCA [1600-1681] pone en boca de Segismundo en el más famoso monólogo de su obra *"La vida es sueño"*: «¡Qué es la vida? Un frenesí. / ¡Qué es la vida? Una ilusión, / Una sombra, una ficción. / Y el mayor bien es pequeño; / Que toda la vida es sueño, / Y los sueños, sueños son». Parece más que probable que tuviera en mente el Salmo 90 cuando las escribió.

proyectos y artefactos son como un sueño, sino que también nosotros mismos somos sueño, como bien lo expresó el poeta: *"Estamos hechos del material del que están hechos los sueños"*[70].

Como la hierba que por la mañana reverdece. Como la hierba, verde por la mañana y heno segado tan pronto cae la noche. Así también los humanos pasan de gozar de una buena salud a verse carcomidos por la enfermedad y la muerte en pocas horas. No somos cedros, ni robles, sino como la hierba; con apariencia lozana y vigorosa en primavera, pero que no alcanza a subsistir un verano entero. ¿Qué otra cosa hay sobre la faz de la tierra más frágil y endeble que el ser humano?

C. H. SPURGEON

Los arrebatas como con torrente de aguas. La expresión hebrea זְרַמְתָּם *zəramtām* de זָרַם *zâram*, "diluviar", significa *"los has anegado"*, es decir: "Has barrido los años su vida como las aguas inundan y arrasan la tierra; les has empujado y devastado con un diluvio, haciendo que se desvanecieran como agua que corre y desaparece después; convirtiéndolos de ese modo en: *un sueño*".

VICTORINUS BYTHNER [1605-1670]
"Lyra prophetica Davidis regis: sive analysis critico-practica psalmorum", 1664

---

[70] Se trata de una cita procedente de una comedia de WILLIAM SHAKESPEARE [1564-1616]: *"The Tempest"*, IV, I, 156-157: *"We are such staff, As dreams are made on"*. El pastor, escritor, poeta, y militante abolicionista norteamericano THOMAS WENTWORTH HIGGINSON [1823-1911] utilizó esta misma frase de Shakespeare como título de una de sus poesías, *"Such Stuff As Dreams Are Made Of"* que comienza diciendo *"Now all the cloudy shapes that float and lie, / Within this magic globe we call the brain..."*.

Los arrebatas como con torrente de aguas. Medite-mos profundamente en el devenir de nuestra vida, en cómo nuestros días pasan apresuradamente y desaparecen arrastrándonos con ellos a su paso como las aguas tumultuosas de un torrente caudaloso. Ante los ojos de Dios, nuestra condición en la tierra es como la de un hombre que, sin saber nadar, es arrojado a una corriente de aguas turbulentas y arrastrado por ella; de cuando en cuando levanta las manos y grita con desespero pidiendo ayuda; eventualmente logra asirse a algo, pero por poco tiempo, pues es arrastrado de nuevo hasta que la corriente acaba por tragárselo definitivamente. De un modo objetivo, nuestra vida sobre la tierra es lo más parecido a una persona arrastrada por un torrente. Todo lo que hacemos a lo largo de nuestra vida es lo habitual de cualquier persona en situación desesperada: nuestro comer y beber, nuestro cuidado del cuerpo, nuestro deporte, y demás actividades que realizamos, son los gestos de alguien que se hunde en las aguas. Y una vez hayamos hecho todos los esfuerzos posibles para mantenernos con vida, pereceremos engullidos por el diluvio que nos arrastra.

WILLIAM BRADSHAW [1571-1618]
"A Meditation of Man's Mortalitie. Containing an Exposition of the Ninetieth Psalme", 1621

Los arrebatas como con torrente de aguas. Dice un antiguo proverbio griego que «El ser humano es vapor; y su vida como una burbuja, una pompa de jabón». Y Luciano de Samosata[71] lo suma a su argumentación

---

[71] Se refiere a LUCIANO DE SAMOSATA [125-151] escritor satírico griego de origen sirio y autor de numerosas obras. Entre ellas figuran

cuando afirma que el mundo es como una tormenta en la que los hombres surgen en sus generaciones cual burbujas para desaparecer de inmediato arrastrados en medio de ella. Algunos, envueltos en el diluvio que arrastra a sus progenitores, se hunden de inmediato, justo al nacer, quedando sumergidos bajo una cortina de agua sin otro propósito en este mundo que el de haber nacido para morir. Otros flotan durante un tiempo dando bandazos, hundiéndose y saliendo de nuevo a flote un par o tres de veces, para desaparecer definitivamente de modo repentino empujados por la corriente, dejando su lugar a otros. Y aquellos que batallando contra el rugir de las aguas logran sobrevivir durante un período más largo, se ven obligados a permanecer en continuo movimiento, sin descanso ni tregua, hasta sucumbir aplastados bajo una inmensa masa de agua caída de una nube, hundiéndose definitivamente en la espuma y vacuidad de las aguas sin alcanzar grandes metas, ni asumir mayores progresos, dado que una burbuja no puede ser más de lo que siempre ha sido.

JEREMY TAYLOR [1613-1667]
"The Rule and Exercises of Holy Dying", 1651

Los arrebatas como con torrente de aguas. Desde las épocas más remotas, el agua y tiempo han mantenido una relación muy estrecha entre sí. El método más antiguo que

---

"Caronte el Cínico" o *"Los Contempladores"*, un viaje del personaje por los caminos del mundo (que recuerda bastante al libro de Eclesiastés), y que le permite hacer una crítica de la sociedad a través de sus "oteadores", Andrenio y Critilo. En ella encontramos conclusiones como esta, refiriéndose al oro: *"Tremenda es la estupidez de los hombres si depositan tan grande amor en un objeto amarillo y pesado".*

se conoce de medir el tiempo es por medio de agua fluyendo desde una vasija, la *clepsydra*[72] de los griegos y los romanos; y Ovidio[73] compara el transcurrir del tiempo a la corriente de un río.[74]

STEPHEN STREET [1756-¿?]
"A new literal Version of the Book of Psalms, with a Preface and Notes", 1790

Son como sueño. Cuando soñamos, creemos ver sin realmente ver nada, creemos oír sin que oigamos, estamos

---

[72] En realidad, el reloj de agua o CLEPSIDRA (del griego *kleptein,* "robar" y *hudor,* "agua") es mucho más antigua, y se desconoce con certeza su verdadero origen. Se sabe que los egipcios y los babilonios ya lo usaban 1.600 años antes de Cristo, aunque algunos afirman que fue inventado en China 4.000 antes de Cristo. Eran útiles especialmente durante la noche, cuando los relojes de sol perdían su utilidad. Consistían en una vasija cerámica que contenía agua hasta cierto nivel, con un orificio en la base de un tamaño adecuado para asegurar la salida del líquido a una velocidad determinada y, por lo tanto, en un tiempo prefijado. El recipiente disponía en su interior de varias marcas, de manera que el nivel de agua indicaba los diferentes periodos, tanto diurnos como nocturnos. Se usaron en los tribunales atenienses y romanos para señalar el tiempo asignado a los oradores y en las campañas militares para señalar las guardias nocturnas.

[73] Se refiere a al poeta romano PUBLIO OVIDIO NASÓN [20-43 a.C.], autor de *"Ars Amandis",* "El arte de amar" y de *"Metamorphoseon",* "Las metamorfosis", donde recogió relatos mitológicos de la Grecia Clásica y los adaptó a su época y cultura.

[74] «También en asiduo movimiento se deslizan los mismos tiempos, no de otro modo que una corriente, pues detenerse una corriente ni una leve hora puede: sino como la onda es impelida por la onda, y es empujada la anterior por la que viene y ella empuja a su anterior, los tiempos así huyen a la par y a la par ellos persiguen y nuevos son siempre pues lo que fue antes atrás queda y deviene

convencidos de que tocamos las cosas y gustamos los alimentos sin que lleguemos a tocarlas o gustarlos, pensamos que andamos sin movernos de sitio; y hablamos, gesticulamos y argumentamos sin alcanzar a mover un solo dedo. Todo es una ilusión de nuestra mente que crea escenarios ficticios de cosas que en realidad no existen, pero que nosotros creemos ver y tocar como si existieran, aunque luego desaparezcan súbitamente al despertarnos. En realidad, cuando estamos despiertos, nuestros propósitos poco se diferencian de un sueño: Van y vienen, nos confrontan, satisfacen y a veces amedrentan; y de pronto, se esfuman de nuestra vista antes de que podamos agarrarlos, desaparecen para siempre.

FILÓN DE ALEJANDRÍA [15-50 A.C.]
citado por THOMAS LE BLANC [1599-1669]
en *"Psalmorum Davidicorum Analysis"*, 1645

Son como sueño. Nuestra vida puede compararse perfectamente a un sueño:

1. Por su brevedad.
2. Por lo fácil y repentino con que se interrumpe.
3. Por la inquietud y desasosiego en que transcurre.
4. Por las muchas falacias y errores que contiene.

En lo que respecta a los tres primeros, digamos que un sueño siempre es corto, y cuanto más dulce y placentero resulta, más corto parece. Y siendo corto de por sí, aunque debería alargarse todo el tiempo que la naturaleza demandara, además se interrumpe con facilidad: el menor ruido, un simple toque, bastan para que el más profundo sueño se perturbe, por lo que las causas y motivos de interrupciones suelen ser diversas y numerosas. ¿No es también así con la existencia del hombre? ¿Acaso la más larga y

lo que no había sido, y los momentos todos se renuevan» "Las metamorfosis", Libro 15, 180.

dilatada de las vidas no da siempre la sensación de corta? ¿Acaso no es cierto que se rompe también con gran facilidad? ¿Y que son muchos los motivos que hacen que se interrumpa, tantos casi como los que nos hacen despertar del sueño?

En referencia al cuarto, ¡cuántas tergiversaciones y engaños vivimos en sueños! Soñando el preso cree que es libre y el libre que está preso; quien tiene hambre sueña con banquetes y cree que se sacia; quien padece necesidad sueña que vive en la abundancia mientras que a quien le sobra todo sueña que vive en la escasez. ¡Cuántos han llegado a creer, en un sueño placentero, que habían alcanzado finalmente lo que tanto anhelan! Pero cuando estaban justo al borde de comenzar a disfrutarlo, en medio de su gozo y alegría, despiertan súbitamente y descubren que todo ha desaparecido, y sus fantasías se han desvanecido en un instante. Lo mismo ocurre también con lo desagradable, con malo y lo penoso. ¿Y acaso no es justo que sea así en la vida del hombre?

WILLIAM BRADSHAW [1571-1618]
"A Meditation of Man's Mortalitie. Containing an Exposition of the Ninetieth Psalme", 1621

Como la hierba que crece en la mañana. El salmista compara finalmente a los hombres con la hierba, afirmando que así como la hierba tiene un tiempo de crecer y un tiempo de marchitarse, así es también con el hombre: *"Por la mañana brota y reverdece"*. Moisés compara la primera mitad de la vida humana, que calcula alrededor de unos treinta y tres años, con el período en que la hierba crece, asociándolo con la época de mayor vigor y fuerza en el hombre, durante el cual, siguiendo el curso de la naturaleza, brota, crece y reverdece como la hierba. Pero *"al llegar la tarde"*, esto es, como la hierba cuando está ya madura y lista para ser cortada: *"se marchita"*. Habiendo el hombre alcanzado su edad madura y disfrutado de todo su vigor y fuerza, no sigue así por mucho tiempo, inicia su declive y se va marchitando hasta la vejez, cuando es segado y cortado por la guadaña de la muerte. Que Moisés utilice tantos y tan diversos símiles para expresar esa misma verdad, y que todos ellos confluyan en un mismo punto, la fragilidad de la vida humana, tiene el propósito de enseñarnos que lo corto, vano y feble de la vida humana es de tal magnitud, que no hay ejemplos bastantes para recalcarlo. La muerte irrumpe de pronto *"como un torrente"*, de forma violenta y repentina; somos *"como un sueño, como la hierba"*; nuestra vida no es más que *una ilusión*. Consumimos los años de nuestra existencia *en "un sueño"* y los días de nuestra vida como *"un suspiro"*, un pensamiento, un cuento (90:9). La inclusión de todos estos ejemplos y símiles en el salmo crea casi la sensación de que a Moisés le faltan palabras, que se ve escaso de paradigmas a la hora de explicarnos y hacernos entender algo tan crucial como la vanidad, fragilidad, y brevedad de la vida humana.

SAMUEL SMITH [1588-1665]
"Moses his Prayer: An exposition of the nintieth Psalme", 1656

Vers. 6. *En la mañana florece y crece; a la tarde es cortada, y se seca.* *[En la mañana florece y crece; a la tarde es cortada, y se seca.* RVR77] *[Que al amanecer brota lozana y por la noche ya está marchita y seca.* NVI] *[Por la mañana florece y reverdece; al atardecer se marchita y se seca.* LBLA]*

En la mañana florece y crece. Resplandeciendo con todo su esplendor y belleza cuando el rocío siembra los prados de perlas, la hierba tiene exuberante su momento dorado. De la misma manera que el ser humano tiene en su juventud un apogeo de gloria.

A la tarde es cortada, y se seca. La guadaña troncha sin piedad el esplendor temporal de las flores del campo, y el rocío de la noche llora sobre sus tallos segados tan fatal declive. Esta es la historia fugaz de la hierba del campo: sembrada, brotando, creciendo, floreciente, segada, desaparecida; y la historia del hombre no es muy distinta. Con el paso del tiempo, el deterioro natural acaba con cada uno de nosotros como si fuéramos hierba; y a pesar de que a unos pocos se les conceda el triste privilegio de una vida un poco larga, saboreando así con mayor intensidad las consecuencias nefastas de la edad avanzada, la muerte llega ineludible con su guadaña y siega nuestra vida en la plenitud de su verdor. ¡Qué cambio tan radical en tan poco tiempo! La mañana fue testigo de nuestro florecer y la noche contempla nuestro marchitamiento.

C. H. Spurgeon

En la mañana. Difícil se me hace interpretar esta expresión hebrea: בַּבֹּקֶר *babbōqer* como *"en la primera juventud"*, tal y como pretenden algunos rabinos y comentaristas judíos.[75] Estrictamente hablando, es parte de la comparación que proviene del versículo anterior (90:5): *"como la hierba que crece en la mañana"*, y si el texto hebreo repite la misma expresión situándola ahora al comienzo, es únicamente con el propósito de dar mayor

---

[75] En hebreo בַּבֹּקֶר *babbōqer* de בֹּקֶר *bôqer*, "final de la noche, despuntar el alba".

énfasis a la figura. En oriente, la lluvia nocturna puede cambiar el paisaje como por arte de magia. Los campos que al atardecer lucían secos, áridos y desérticos, mostrando un color pardo y sombrío; al amanecer aparecen verdes y relucientes, repletos de briznas de hierba. Pero a lo largo del día sale el sol descargando su calor abrasador y sopla sobre ella un viento cálido, y antes de que llegue la noche está seca de nuevo.[76]

JOHN JAMES STEWART PEROWNE [1823-1904]
"The Book of Psalms: a new translation with introductions and notes, explanatory and critical", 1876

A la tarde es cortada, y se seca.

> *Hoy corpulento y robusto,*
> *mañana convertido en barro.*
> *Hoy en el florecer de su vigor*
> *mañana, tendido en su tumba.*[77]

Cierto es que la muerte suele comunicar con antelación sus negros presagios, avisa sobre su inminente llegada. Pero en muchos casos llega sin anunciarse, y blandiendo sin piedad su guadaña siega todo lo que encuentra delante suyo. ¡Cuando viajamos en navío, todo lo que nos separa de ella son unos endebles tablones de madera; y si cabalgamos, un simple tropezón y una

---

[76] Santiago 1:11.
[77] Parece ser que la cita poética es de HORATIUS BONAR [1808-1889] pero no hemos podido encontrar confirmación absoluta de ello. El original inglés dice: *"Stout and strong today, / Tomorrow turned to clay. / This day in his bloom, / The next, in the tomb"*.

caída![78] Mientras camina por por las calles, la muerte desliza su dedo amenazador sobre cada ladrillo de las cornisas y cada teja de los tejados. *"Porque la muerte ha subido por nuestras ventanas, ha entrado en nuestros palacios, para exterminar a los niños de las calles, a los jóvenes de las plazas"*[79]. Nuestra vida es menos que un suspiro. ¡Qué pronto y cuán bruscamente nos deslizamos hacia la tumba para dormir el sueño eterno!

AUGUST FRIEDRICH THOLUCK [1799-1877]
"Hours of Christian Devotion", 1839

Vers. 7. *Porque con tu furor somos consumidos, y con tu ira somos turbados.* *[Porque con tu furor somos consumidos, y con tu ira somos trastornados. RVR77] [Tu ira en verdad nos consume, tu indignación nos aterra. NVI] [Porque hemos sido consumidos con tu ira, y por tu furor hemos sido conturbados. LBLA]*

Porque con tu furor somos consumidos, y con tu ira somos turbados. La condición mortal del ser humano no es accidental, ni inevitable en el estado original de la naturaleza humana. Cuando el pecado provocó la ira del Señor fuimos sentenciados, y como consecuencia, perecemos. *"Con tu furor somos consumidos"*. Ésa es la guadaña que

---

[78] Si Tholuck escribiera este comentario a día de hoy, ¡cuántas cosas podría añadir a tan lúgubre lista!: Accidentes de carretera, catástrofes aéreas, y un largo etc. Aunque en tecnología y seguridad hayamos progresado tanto, la muerte sigue impertérrita en su labor, segando vidas con su guadaña.

[79] Jeremías 9:21.

siega y el calor abrasador que nos marchita. Algo literal en el caso del pueblo de Israel en el desierto, cuyas vidas fueron cortadas temprano a causa de su porfía; fallaron, y no debido a su deterioro natural, sino barridos de golpe por el impacto de juicios divinos sobradamente mereci- dos. Tuvo que ser muy doloroso para Moisés ver cómo la nación entera iba desapareciendo en el transcurso de sus cuarenta años de su peregrinaje, hasta que no quedó nadie de los que salieron de Egipto. Así como el favor de Dios es vida, su ira es muerte; y más posibilidades tiene la hier- ba de crecer dentro de un horno que los hombres tienen de florecer cuando Dios está airado con ellos.

Y con tu ira somos turbados. O también *"caemos presa del terror"*[80]. Sentirse objeto de la ira divina conturbó a los israelitas en el desierto, y a lo largo de sus cuarenta años de peregrinaje vivieron plenamente conscientes de su condenación. Esto se aplica también a nosotros, aunque no del todo, dado que ahora que la inmortalidad y la vida han sido puestas bajo la luz del evangelio, la muerte ha cambiado su aspecto, y en el caso de los creyentes en Cristo Jesús, ya no pesa sobre ellos la orden judicial de ejecución. La cólera y la ira divina son el aguijón de la muerte, pero en ellas los creyentes no tienen ya parte ni suerte, pues el amor y la misericordia nos conducen a la gloria, aunque sea por el sendero de la tumba. No es propio leer estas palabras del salmo noventa en el funeral de un cristiano sin ex- plicarlas adecuadamente, aclarando lo poço que apli- can a los creyentes en Cristo Jesús y cuán privilegia- dos somos en relación a aquellos israelitas que fueron objeto del desagrado divino y *"cuyos cuerpos cayeron*

---

[80] En hebreo וּבַחֲמָתְךָ נִבְהָלְנוּ *ūḇaḥămāṯəḵā niḇhālənū.*

en el desierto "[81]. Aplicar a los creyentes que duermen en Cristo Jesús[82] las palabras de una oda escrita por el líder de la dispensación de la ley bajo circunstancias particulares de juicio divino y condena penal, como era el caso de los israelitas en el desierto, me parece la mayor de las torpezas. Por supuesto que tenemos mucho que aprender de estos textos, pero en modo alguno debemos entenderlos erróneamente y usarlos de manera inadecuada, aplicando algo que es cierto, sin duda, pero que va dirigido esencialmente a quienes Dios había jurado en su ira que no entrarían en su reposo; no para los creyentes, que vivimos y morimos como amados del Señor.[83] En cambio, cuando un alma vive bajo convicción de pecado, sí que el lenguaje de este salmo resulta sumamente apropiado, y lo más probable que sus reflexiones broten de manera natural y espontáneo en su mente desviada. Ningún otro fuego consume con tanta intensidad como la cólera de Dios, y ninguna otra angustia conturba y aterra tanto al corazón humano como su ira. ¡Bendito sea el Sustituto amado que nos libró de ella: *"El soportó la ira justa del Todopoderoso, para que nosotros jamás tuviéramos que soportarla"*[84].

---

[81] Hebreos 3:17.

[82] 1ª Tesalonicenses 4:13-16.

[83] 2ª Tesalonicenses 2:13.

[84] Spurgeon cita aquí parte de la segunda estrofa de un conocido himno inglés DE ROBERT S. HAWKER [1804-1873] que comienza diciendo: *"O Thou who didst Thy glory leave, Apostate sinners to retriever"* y cuya segunda estrofa completa, publicada en el himnario *"Little Flock"* [Edición 1881, Seccion 3], dice en su rima original: *"See Him for our transgressions given; / See the blest Lamb of God from heaven, / For us, His foes, expire; / Rejoice! rejoice! the tidings hear! / He bore, that we might never bear, / Th'Almighty's righteous ire"*.

C. H. Spurgeon

Porque con tu furor somos consumidos. Un concepto muy debatido entre los filósofos, que buscan la causa de la muerte, puesto que en la naturaleza encontramos pruebas de inmortalidad que no pueden ser pasadas por alto. El salmista responde que la razón básica de la muerte no debemos buscarla en lo material, bien sea en una deficiencia de fluidos, o en un fallo en las fuentes naturales de calor, sino que es Dios mismo quien, ofendido por los pecados de los hombres, ha sometido la naturaleza a la muerte y a otras calamidades innumerables.[85] Por tanto, la causa que nos ha traído esta destrucción son nuestros pecados. Por ello, añade: *"Y con tu ira hemos sido conturbados"*.

Henricus Mollerus [1530-1589]
"Enarrationis Psalmorvm Davidis, ex praelectionibvs", 1639

Porque con tu furor somos consumidos, y con tu ira hemos sido conturbados. Lo primero que podemos observar es cómo se compara la situación actual del pueblo de Israel en el desierto con la de otras naciones y pueblos circundantes, concluyendo que su situación era mucho peor que la de los demás. Los otros pueblos morían espaciadamente, ahora uno y después otro, por lo que iban menguando progresivamente; mientras que Israel era consumido aceleradamente, barrido por plagas y pestilencias que les causaban verdaderos estragos. De lo cual advertimos lo siguiente:

---

[85] Dice al respecto José Mª Martínez [1924-] en "Salmos Escogidos": «La Escritura nos enseña que hay una relación directa entre mortalidad y moralidad, y que el mismo Dios que es "refugio" de generación en generación para los que le temen es también espada de justicia para quienes le menosprecian y rechazan».

Hay razón para que el pueblo de Dios se sienta dolido cuando su situación es peor que la de los enemigos de Dios. Y Moisés recoge este argumento para lograr que se humillen y se arrepientan, que busquen a Dios de nuevo, mostrándoles que por causa de sus pecados estaban en peores condiciones que las de los propios enemigos de Dios. Pues a pesar de que las vidas de los paganos eran también cortas, el caso de los israelitas era mucho peor, pues ellos eran *consumidos repentinamente por la ira y el furor divino*. Cuando Dios se muestra más duro con su Iglesia, con su propio pueblo, que con sus enemigos; cuando el Señor envía guerras a una nación que invoca su nombre y paz a otros reinos que se declaran anticristianos; cuando permite que su Iglesia padezca hambrunas mientras hay abundancia entre los impíos; cuando manda plagas y pestilencias a los suyos y salud y prosperidad a los malvados; sin duda hay razones sobradas para lamentarse y sentirse dolido. Y esto, ver que los enemigos de la Iglesia estaban en mejores condiciones que ella misma, es lo que en más de una ocasión ha tocado al pueblo de Dios en el hueso y herido profundamente en el corazón, llevándolo a reaccionar positivamente.

SAMUEL SMITH [1588-1665]
"Moses his Prayer: An exposition of the nintieth Psalme", 1656

Y con tu ira somos turbados. La palabra hebrea[86] que utiliza aquí Moisés, va mucho más allá del sentido de un simple *"turbados"* que traducen algunas de nuestras versiones. Implica la idea de "cortados" o "destruidos" en

---

[86] En hebreo נִבְהָלְנוּ *niḇhālənūde* בָּהַל *bâhal*, "alarmados, aterrorizados".

formas aterradoras, que conllevan un miedo que abruma, algo pavoroso.

HENRY COWLES [1803-1881]
"The Psalms: With Notes, Critical, Explanatory, And Practical designed for both pastors and people", 1872

Vers. 8. *Pusiste nuestras maldades delante de ti, nuestros yerros a la luz de tu rostro.* *[Pusiste nuestras culpas delante de ti, nuestras faltas ocultas, a la luz de tu mirada. RVR77] [Ante ti has puesto nuestras iniquidades; a la luz de tu presencia, nuestros pecados secretos. NVI] [Has puesto nuestras iniquidades delante de ti, nuestros pecados secretos a la luz de tu presencia. LBLA]*

Pusiste nuestras culpas delante de ti. ¡He aquí las lágrimas! A los ojos de Dios el pecado es causa inevitable de muerte; sólo a través de la cobertura de la sangre de la expiación nos alcanza la vida. Cuando Dios estaba derrocando las tribus en el desierto, tenía delante de él sus culpas, y en consecuencia las trataba con la mayor severidad, pues no podía mantener sus iniquidades delante de él y dejar de herirlos con dureza.

Nuestras faltas ocultas, a la luz de tu mirada.[87] Ante Dios no existen secretos; el Señor destapa y saca a la luz las cosas más escondidas y recónditas del hombre. No hay otra fuente de luz más potente y poderosa que el rostro de Dios; y es precisamente ante esa luz que todo lo penetra que coloca los pecados ocultos de Israel. La luz del sol no se puede comparar con la luz que emana de Aquel que lo creó, y del cual está escrito: *"Dios es*

---

[87] En hebreo לִמְאוֹר פָּנֶיךָ *lim'ōwr pāneḵā* de פָּנִים *pânîym* "presencia": *"a la luz de tu presencia"*.

luz y en él no hay ninguna oscuridad"[88]. Y por la expresión *"a la luz de tu rostro"* o *"de tu semblante"* entendemos aquí su amor y su favor, pues no hay manera más clara de mostrar la atrocidad del pecado que contemplar su ingratitud bajo la luz de un ser infinitamente bondadoso.[89] La rebelión, vista bajo la luz de la justicia, es negra; pero vista a la luz del amor, es diabólica. ¿Cómo podemos agraviar a un Dios tan bueno? Había sacado a los hijos de Israel de Egipto con mano fuerte y poderosa, alimentado en el desierto con mano generosa, y guiado con mano tierna; y precisamente por ello sus pecados eran peculiarmente atroces. También nosotros, habiendo sido redimidos por la sangre de Jesús y salvos por la gracia abundante, seríamos especialmente culpables, si abandonáramos al Señor. Y siendo así, ¡cómo debería ser nuestra actitud! ¡Cuánto deberíamos orar para que sean limpiadas nuestras faltas secretas! Como creyentes, es fuente de consuelo y manantial de delicias recordar que el Señor ha echado tras sus espaldas nuestros pecados,[90] y que ya nunca más volverán

---

[88] 1ª Juan 1:5.

[89] Dice JOSÉ Mª MARTÍNEZ [1924-] en "Salmos Escogidos": «Cuando el hombre considera sus pecados con una mente oscurecida por el pecado mismo no ve la gravedad de sus actos; incluso llega a considerarlos "naturales". Pero Dios los ve de modo distinto. Cuando los pone ante *"la luz de su mirada"* aparece toda la fealdad. Dios conoce asimismo los efectos gravemente nocivos del pecado en el orden moral. Por eso no puede tolerar permisivamente que los hombres persistan impunes en su conducta pecaminosa. Ha de atajar el mal, y el modo más radical de hacerlo es limitando la vida humana sobre la tierra por medio de la muerte. En el fondo, esto es un acto de misericordia, pues no habría mayor desgracia que la inmortalidad del hombre en su naturaleza caída».

[90] Isaías 38:17.

es estar a la luz de su semblante. En consecuencia, vivimos porque nuestra culpa ha sido quitada y anulada nuestra sentencia de muerte.[91]

C. H. Spurgeon

Pusiste nuestras maldades delante de ti, nuestros yerros a la luz de tu semblante. Para discernir nuestros pecados Dios no necesita otra luz que la de su propio rostro, que penetra hasta los lugares más oscuros, que con su brillo intenso lo ilumina y descubre todo. Aún los pecados cometidos en profundas tinieblas son para él como si hubieran sido cometidos a plena luz del sol, pues los somete a la luz de su rostro que brilla más que el sol. Y esto debería hacernos más cautos a la hora de ofenderle; pues él nos ve cuando nosotros no le vemos, y la luz de su semblante brilla sobre nosotros cuando creemos que estamos protegidos por la oscuridad. Y los mantiene ante su mirada no sólo mientras los cometemos, sino también después, cuando ha sido ya consumado, pasado y olvidado; aún entonces siguen ante la presencia de Dios como si los estuviéramos cometiendo. ¡Cómo debería esto aterrorizarnos y refrenarnos de pecar! Dios *pone nuestras iniquidades delante de él;* se siente tan dolido por ellas que las mantiene en el corazón, continúa recordándolas de una manera especial. Así como aquellos contra quienes se ha cometido una gran injusticia lo tienen en mente, lo recuerdan y no lo olvidarán cuando el momento de ajustar cuentas, así también hace Dios; y lo hace como señal de que lleva nuestros pecados muy dentro del corazón, lo que nos debería enseñar a ser mucho más temerosos en ofenderle. Cuando Dios nos muestra su ira, en cualquier

---

[91] Salmo 103:12; Isaías 6:7.

juicio de muerte, de enfermedad, o pérdida de amigos, deberíamos recordar esto y meditarlo; en especial durante los momentos en que lo sentimos más cerca de nosotros. Deberíamos pensar: «Ahora mismo el Señor está mirando mis pecados, están ante su rostro», y no experimentar descanso hasta que con nuestro arrepentimiento hayamos conseguido que los borre de su corazón totalmente. Sí, también nosotros deberíamos tener presentes nuestros pecados. Porque cuanto más los recordemos, más se olvida Dios de ellos; mientras que cuanto más los olvidamos, más presentes los tiene Dios. Pero si somos nosotros quienes los contemplamos él deja de hacerlo, vuelve su mirada apartándola de ellos.

WILLIAM BRADSHAW [1571-1618]
*"A Meditation of Man's Mortalitie. Containing an
Exposition of the Ninetieth Psalme"*, 1621

Pusiste nuestras maldades delante de ti, nuestros yerros a la luz de tu semblante. Es un hecho sabido que la apariencia de los objetos y la idea que nos formamos de ellos está condicionada por su posición respecto a nosotros y por la luz que los ilumina. Por ejemplo, vistos a cierta distancia dan la impresión de ser mucho más pequeños de lo que son en realidad. El mismo objeto, visto desde diferentes posiciones e iluminaciones, presenta formas y apariencias muy distintas. De noche, en ausencia de la luz del sol, una vela encendida o una estrella aparecen como muy brillantes; pero cuando la luz diurna regresa, su brillantez se eclipsa. Y puesto que la apariencia de los objetos y la idea que nos formamos sobre ellos se ve afectada por circunstancias externas, es fácil deducir como consecuencia que no hay dos personas que puedan hacerse la misma idea exacta de un objeto a menos que se hallen posicionadas exactamente en el mismo lugar y lo contemplen bajo la misma luz. Apliquemos esta realidad al texto que estamos comentando.

El salmista, dirigiéndose a Dios, exclama: *"Pusiste nuestras maldades delante de ti, nuestros yerros a la luz de tu rostro"*. Es decir, nuestras iniquidades, transgresiones y los pecados secretos de nuestros corazones, los coloca por entero ante su rostro, justo por debajo de sus ojos, y los contempla bajo la pureza, claridad y luz reveladoras de su santidad y su gloria. Para ver nuestros pecados tal y como Dios los ve, es decir, como realmente son: lo numerosos, negros e incriminatorios que son, y la malicia y perfidia en cada uno de ellos, habríamos de situarnos tan cerca de Dios como nos fuera posible, en su misma posición, y mirar esos pecados como si miráramos a través de sus ojos. Situarnos, con nuestros pecados, en el centro del círculo irradiado por la luz de su semblante, donde toda su infinita perfección se revela con claridad; donde su asombrosa majestad se muestra abiertamente; donde la suma de todas sus glorias flamean y resplandecen, arden y deslumbran con una brillantez irresistible. Y para ello, debemos abandonar nuestro mundo oscuro y pecaminoso, –donde Dios no es visible, pues está prácticamente olvidado, y en consecuencia, la maldad de pecar contra él difícilmente se percibe por entero– y elevarnos hasta el cielo, a la peculiar habitación de su santidad y gloria, donde a diferencia de lo que hace aquí en la tierra, Dios no se oculta detrás del velo de sus obras y de causas segundas, sino que brilla en toda la intensidad y magnitud de su esplendor divino y es posible contemplarle tal y como es.

Oíd bien, pues, cuantos me escucháis: Si queréis ver vuestros pecados en su color verdadero; si queréis estimar su número, magnitud y maldad; traedlos al lugar santo, donde no se ve otra cosa que pureza inmaculada y esplendor de una gloria no-creada, donde incluso el propio sol aparecería como una mancha oscura. Y allí, en medio de este círculo de inteligencias seráficas, con el Dios infinito derramando toda la luz de su rostro a vuestro alrededor, examinad vuestras vidas, contemplad vuestras transgresiones, y ved cuál es realmente su aspecto. Recordando siempre que el Dios en cuya presencia estáis, es el Ser que prohíbe el pecado, que toda transgresión de su ley eterna es pecado, y que todo pecado cometido se comete directamente contra él.

EDWARD PAYSON [1783-1827]
sermón titulado *"Sins Estimated by the Light of Heaven"*

Vers. 9. *Porque todos nuestros días declinan a causa de tu ira; acabamos nuestros años como un pensamiento.* [*Porque todos nuestros días marchan a su ocaso a causa de tu ira; se acaban nuestros años como un suspiro. RVR77] [Por causa de tu ira se nos va la vida entera; se esfuman nuestros años como un suspiro. NVI] [Porque por tu furor han declinado todos nuestros días; acabamos nuestros años como un suspiro. LBLA]*

Porque todos nuestros días declinan a causa de tu ira. La justicia divina acortó los días de vida del Israel rebelde; cada asentamiento, cada lugar donde se detenían se convertía en tumba colectiva. En su marcha por el desierto iban dejando detrás una estela de tumbas. A causa de la sentencia que pesaba sobre ellos, sus días se iban secando cual hojas desgajadas del tronco y perdiendo la vida uno tras otro.

Acabamos nuestros años como un pensamiento.[92] La versión inglesa KJV traduce quizá más literalmente *"como una historia que es contada"* o *"como se cuenta un cuento"*[93]. Y sí, no sólo los días, los años pasaban volando y se esfumaban como un pensamiento, raudos como un suspiro, veloces y vacíos como una habladuría. El pecado había arrojado una sombra sobre todo lo que les rodeaba, haciendo que la vida de los israelitas condenados fuera tan carente de sentido como breve. La primera parte de este versículo no se aplica a los creyentes, puesto que nuestros días no transcurren bajo el furor del Altísimo, sino acogidos bajo sus alas y arropados en su bondad, como afirma David en otro salmo: *"Ciertamente el bien y la misericordia me seguir*án *todos los días de mi vida"*[94]. Como tampoco puede decirse de la persona que vive en la gracia que su vida sea insustancial cual cuento de ficción, puesto que vive en Cristo Jesús y tiene el Espíritu Santo en su interior. Al contrario, para el creyente *"la vida es real, la vida es impetuosa"*[95], y la comparación es positiva si considera-

---

[92] En hebreo כִלִּינוּ שָׁנֵינוּ כְמוֹ-הֶגֶה *killînū šānênū kəmōw-hegeh* de la raíz הֶגֶה *hegeh,* "rumor, historieta".

[93] *"we spend our years as a tale that is told",* KJV. La idea es la de "cuentos breve", como los que se leen a los niños antes de dormir. A veces, la historia les atrae y los desvela, y cuando están en lo más emocionante ésta concluye repentinamente, dejándoles boquiabiertos y frustrados, con ganas de más.

[94] Salmo 23:6.

[95] Spurgeon cita aquí un conocido poema inglés del poeta estadounidense HENRY WADSWORTH LONGFELLOW [1807-1882] conocido como "El Salmo de la Vida", y que comienza diciendo: *"Tell me not, in mournful numbers, / Life is but an empty dream! / For the soul is dead that slumbers, / And things are not what they seem".* Es la segunda estrofa que comienza diciendo: *"Life is real! Life is earnest! / And the grave is not its goal; Dust thou art, to dust*

mos que la vida cristiana está llena de interés, plagada de
maravillas, repleta de cambios pero bien estructurada por
la providencia, del mismo modo que el contador de historias estructura la narración con la que pretende cautivar a
su audiencia. Nuestras vidas como creyentes son ejemplos
prácticos de la bondad celestial, parábolas de la divina sabiduría, poemas vivientes del pensamiento sagrado, y evi-
dencias reales de amor infinito. Sintámonos felices de ser
narraciones vivas.

C. H. Spurgeon

*Porque todos nuestros días declinan a causa de tu
ira.* La expresión hebrea que aquí traducimos por *"declinan"*[96], פָּנוּ *pānū,* transmite la idea de algo que "se da la
vuelta y desaparece" en la misma dirección y el mismo lugar por donde había venido, retrocede, vuelve hacia atrás.
Por lo que bien podría traducirse: *"Porque todos nuestros
días retroceden a causa de tu ira"*[97]. En los versículos an-
teriores el salmista ha hablado de la causa de esa ira que
ha hecho que Dios les golpeara con semejante mortandad.
Ahora profundiza en la misma idea analizando sus consecuencias. ¿Y cuáles son? Que como resultado de esa ira
divina, sus días *retroceden* hasta eclipsarse. Nuestra vida
procede de Dios y regresa de nuevo a Dios que la dio. Estamos convencidos de que avanzamos pero en realidad re-
trocedemos; vamos hacia atrás, nuestra existencia en este
mundo no es más que un continuo regreso, caminamos

---

returnest, / Was not spoken of the soul", "La vida es real, la vida es
impetuosa, y la tumba no es su meta; pues *"polvo eres y al polvo
volverás",* no se dijo con referencia al alma".
[96] En hebreo מֵינוּ פָנוּ בְעָבְרְ עָבְרָ חֶדְכֵּי כָל־יֵ *kî-ḵāl yāmênū pānū ḇəʿeḇrāṯeḵā.*
[97] La misma idea la encontramos también en Jeremías 6:4.

retrocediendo hacia la muerte y la nada, que son nuestro origen. Somos semejantes a la persona que estando lejos de su hogar, donde cuenta con todas las comodidades, es trasladada forzosamente a una tierra desértica y extraña, y de pronto es raptada y la colocada a medio camino de su hogar. ¿Y qué hace entonces? Paradójicamente, en lugar de proseguir hacia su hogar, retrocede, vuelve sobre sus pasos y regresa al lugar desértico de donde la han traído. Es como si a todos los hijos de Adán, tan pronto reciben el ser y nacen a la vida, alguien les hubiera colocado a medio camino hacia su hogar eterno. Pero, ¿qué hacen? En lugar de avanzar hacia la vida eterna, se empeñan en retornar a su punto de partida, en volver sobre sus pasos para regresar a la muerte y a la nada. Esto coincide con lo que leemos al principio del salmo, en el versículo tres: *"Haces que el hombre vuelva a ser polvo, y dices: Volved, hijos de los hombres"*. Como si dijera: «Señor, tú creas al hombre del polvo; y una vez creado, ese hombre se empeña en provocar tu ira, cual si no deseara otra cosa que ser destruido y regresar de nuevo al polvo». Por ello, añade el profeta que nuestros días *"declinan"* es decir, retroceden y regresamos *"al polvo"*, al lugar del que procedemos.

WILLIAM BRADSHAW [1571-1618]
"A Meditation of Man's Mortalitie. Containing an Exposition of the Ninetieth Psalme", 1621

Acabamos nuestros años como un pensamiento. O como traduce la versión inglesa KJV *"nuestros años se esfuman como una historia que es contada"*. Cuando hace tres o cuatro años estuve en Egipto, vi algo que Moisés probablemente estaba acostumbrado a ver, y de lo que sin duda los israelitas habían sido testigos en numerosas ocasiones: una multitud de personas rodeando a un contador de cuentos profesional, que iba relatando su historia y acaparando la atención de unos oyentes fascinados y emocionados por sus palabras. Es una costumbre muy habitual en oriente. Como la mayoría no sabe leer, algunos de los que sí saben y están en posesión de algunos libros (o incluso sin ellos), como si les brotara de forma natural, se sienten atraídos por la posibilidad de juntar a su alrededor masas de oyentes que dependan de ellos; y narran en prosa o recitan en verso cuentos tradicionales y leyendas populares. Me atrevo a decir que esta costumbre fue asimilada por los israelitas, y la practicaban durante su travesía por el desierto, especialmente durante las paradas, como manera de combatir el aburrimiento durante las horas ociosas. Basándonos en esta costumbre, nos aventuramos a ilustrar la curiosa afirmación de este versículo. Prestar atención a un cuento produce un sentimiento de intriga que va en aumento a medida la historia avanza hasta su desenlace. Entonces desaparece igual que ha venido, dejando tras de sí una vaga idea del argumento y unos pocos detalles que nos hayan llamado la atención. Aún en nuestros días, en que los cuentos adquieren la forma de libro impreso, cuando hemos acabado de leerlos experimentamos una sensación de desilusión, se nos ha hecho corto. Y si esto nos sucede con los cuentos impresos, podemos imaginar cómo ese sentimiento de brevedad debía ser mucho más acentuado en el caso de los cuentos narrados, ya que el narrador debía abreviarlas para poder contarlas verbalmente en una tarde, o en una hora. De modo que los oyentes se sentían más emocionados por lo interesante de la narración, y para ellos el tiempo se había detenido, entonces la historia terminaba repentinamente y todos quedaban con una sensación agridulce de insatisfacción. *"Porque ¿qué es vuestra vida? Ciertamente es neblina que se aparece por un poco de tiempo, y luego se desvanece"*[98].

THOMAS BINNEY [1798-1874]

Como un pensamiento. En razón de lo cual la gracia es brevedad.

JOHN TRAPP [1601-1669]
"Commentary on the Old and New Testaments", 1654

Como un pensamiento. En la versión caldea dice: *"Como el aliento de nuestra boca en invierno"*.

DANIEL CRESSWELL [1776-1844]
"The Psalms of David according to the Book of Common Prayer: with Critical and Explanatory Notes", 1843

Como un pensamiento o *"una historia que es contada".* Aparentemente los treinta y ocho años que los israelitas pasaron vagando por el desierto, no fueron tenidos en consideración con respecto a la historia sagrada, y por tanto no forman parte de la misma, ya que sobre qué les sucedió desde el año segundo hasta el cuarenta no hay registros escritos, la Biblia no dice nada al respecto. Parece que habiendo salido de Egipto y una vez sentenciados a no ver la tierra prometida, para ellos el tiempo hubiera dejado de correr, y por consiguiente, no mereciera la pena registrarlo. Era más bien una ficción, un cuento, puesto que en sus peculiares circunstancias lo único que podían hacer era "pasar el tiempo", dejar que esos años en el desierto fueran transcurriendo cual *"historia que es contada",*

---

[98] Santiago 4:14.

mientras ellos se consumían y una nueva generación iba creciendo para ocupar su lugar. También nuestra vida, de hecho, se esfuma y consume cual *"historia que es contada";* y cada año que transcurre es como un cuento, que una vez contado, cae en el olvido. Algunos de los años que nos toca vivir son un cuento agradable y alegre; otros se asemejan más a una tragedia; y la mayoría son una mezcla de ambas cosas; pero todos se nos hacen al final cortos y efímeros, pues aquellos acontecimientos que en su momento se nos hicieron interminables, largos y pesados, una vez han pasado podemos contarlos en pocos minutos.

MATTHEW HENRY [1662-1714]
"Commentary on the Whole Bible", 1811

Acabamos nuestros años como un pensamiento. O *"como una meditación"* según traducen algunos; esto es, de manera repentina y extremadamente veloz. Un pensamiento, ya sea expresado con palabras o confinado a la mente, siempre es algo muy rápido; y entre los dos, el segundo es el más ágil y ligero de piernas. Una idea viajando por la mente supera en kilómetros hora a la luz del sol en mayor proporción que la luz del sol superaría a un caracol en la misma carrera. Nuestros pensamientos dan la vuelta al mundo en un instante; los pensamientos de nuestro interlocutor pueden estar volando a la otra parte del planeta antes de que articulemos una segunda palabra.

JOSEPH CARYL [1602-1673]

Acabamos nuestros años como un pensamiento. Estas palabras expresan a la vez tanto un hecho ineludible como una censura. La velocidad con que pasa y se consume el tiempo; la manera fugaz en que se esfuman los años de nuestra vida, en poco menos de un instante; es inevitable.

Pero la forma en que los consumimos, la manera cómo gastamos ese tiempo, no es inevitable. Podemos gastarlo de manera frívola, sin propósito y ausente de todo valor. Eso es lo que el salmista parece indicar que sucedía con los destinatarios de este salmo, los israelitas, con lo cual completa la descripción desoladora de su conducta añadiendo un motivo más de culpa y censura.

JOHN FOSTER [1770-1843]

Acabamos nuestros años como un pensamiento. En hebreo כְּמוֹ־הֶגֶה *kəmōw-hegeh,* en latín *"sicut meditatio",* "como una meditación", como si todos los años de nuestra vida fueran poco más que una meditación constante acerca de las cosas de este mundo. Y ciertamente el ser humano consume la mayor parte de su efímera vida en vanas meditaciones, en buscar la manera de engañar y sacar fácil ventaja de las cosas, una modalidad de meditación contra la que nos advierte el profeta: *"el prevaricar y mentir contra Jehová, y el apartarse de seguir en pos de nuestro Dios; el hablar calumnia y rebelión, concebir y proferir de corazón palabras de mentira"*[99], en ambos textos se utiliza la misma palabra hebrea.[100] También en meditar acerca de cómo acumular riquezas; tal era la meditación del hombre codicioso cuya historia encontramos en el evangelio de Lucas.[101] O en cómo amotinarse y rebelarse contra la ley divina y violar las normas establecidas por Dios, según

---

[99] Isaías 59:13.

[100] Esto es הֶגֶה *hegeh* en el Salmo 90:9 que la KJV traduce *"como un pensamiento"* y וְהֹגוֹ *wəhōḡōw,* de la misma raíz הָגָה *hâgâh* en el caso de Isaías 59:13, que la RV traduce como: *"concebir y proferir con el corazón".*

[101] Lucas 2:17.

leemos en otro Salmo.[102] En tales meditaciones vanas, los seres humanos consumen los pocos años de su vida como *"una historia que es contada"*.

Así pues, y para concluir este punto con palabras de Gregorio Nazianceno:[103] «¿Qué somos sino un sueño vano que no tiene existencia ni ser propio, un fantasma, una aparición imposible de retener; un navío que navega en el mar sin dejar huella tras de sí; un vapor, polvo suspendido en el aire, rocío de la mañana; flor que se abre un día para desaparecer al siguiente, que ves brotar y florecer, y contemplas cómo se marchita a lo largo del mismo día».

Pero en el versículo siguiente añade otra metáfora, la de un pájaro que vuela: *"pronto pasan y volamos"*. No sólo corremos, sino que volamos, el movimiento de traslación más veloz de que es capaz una criatura corporal. Nuestra vida es como el vuelo de un pájaro: lo vemos en un lugar y pocos segundos después está ya fuera del alcance de nuestra mirada. Por ello el profeta Oseas, habla del rápido declive de la gloria de Efraím de ese mismo modo: *"Volará cual ave"*[104]; y Salomón afirma lo mismo con respecto a las riquezas: *"Es como si les salieran alas, pues se van volando como las águilas"*[105]. David deseaba alas como una paloma para huir y descansar,[106] y tenía

---

[102] Salmo 2:1-4.
[103] Se refiere a GREGORIO NACIANCENO [330-390], uno de los cuatro grandes Doctores de la Iglesia Griega llamado el "Demóstenes cristiano" por el encanto de su elocuencia y "el teólogo" por la profundidad de su doctrina. Es uno de los Padres Capadocios y cooperó con San Basilio y San Gregorio de Nicea para derrotar la herejía arriana.
[104] Oseas 9:11.
[105] Proverbios 23:5.
[106] Salmo 55:6.

sus buenas razones para ello, porque esta vida terrena es tan corta como desdichada (…) Procuremos, por tanto, no tener que acudir a Dios en la hora de nuestra vejez, tosiendo y cojeando, cuando nos hallamos ya a las puertas de la muerte, sino al contrario, consagremos a su servicio nuestra juventud, las primicias de nuestra vida. La manera en que consumimos nuestro tiempo es comparable (o al menos así lo comparo yo) al proceso de destilado del agua: la parte más ligera y pura se desprende primero, y las impurezas y posos quedan rezagados. Qué impropio e indigno es ofrecer al mundo, a la carne y al demonio, la flor de nuestra vida, las primicias de nuestra existencia, lo mejor de nuestro tiempo; dejando para Dios las escorias y sedimentos. El que excluyó de los sacrificios a los animales defectuosos, cojos y ciegos,[107] no lo consentirá en los seres humanos. Si no acudimos de inmediato a presentar nuestros cuerpos ante él en sacrificio vivo, mientras estamos sanos y alegres, antes de quedar cojos, ciegos o deformes por los efectos de la edad avanzada, será un milagro que nos declare aptos entonces, santos, aceptables y útiles para su servicio.

THOMAS WASHBOURNE [1606-1687]
"Divine Poems", 1654

Acabamos nuestros años como un pensamiento. Aquí el original hebreo se aparta de todas las versiones: כְּמוֹ־הֶגֶה *ḳəmōw-heḡeh*. *"Consumimos nuestros años como un gemido"*. Vivimos una vida moribunda llena de constantes gemidos, y al final ¡concluye con un gemido!

ADAM CLARKE [1760-1832]
"Commentary on the Whole Bible", 1831

---

[107] Levítico 21:20; 22:24; Deuteronomio 17:1.

Acabamos nuestros años como un pensamiento. La traducción al latín que hace la *Vulgata* es: *"Nuestros* años
pasan como los de una araña"[108]. Significa que nuestra
vida es tan frágil como el hilo de una telaraña, algo sutil
y admirable pero extremadamente frágil. Ello nos induce
a la reflexión preguntándonos, ¿hay otra cosa en la que
podamos ver mayor sabiduría que en la complicada fábri-
ca del cuerpo humano? Y con todo, ¿hay algo más frágil
y que pueda ser destruido con mayor facilidad? El cristal
es duro como granito comparado con la carne humana; y
el vapor es cual pura roca al lado de la vida del hombre.[109]

C. H. SPURGEON

Vers. 10. *Los días de nuestra edad son setenta años;
y si en los más robustos son ochenta años, con todo, su
fortaleza es molestia y trabajo, porque pronto pasan, y
volamos. [Los años de nuestra vida son setenta años; Y,
en los más robustos, hasta ochenta años; con todo, su fortaleza es molestia y trabajos, porque pronto pasan, y volamos. RVR77] [Algunos llegamos hasta los setenta años,
quizás alcancemos hasta los ochenta, si las fuerzas nos
acompañan. Tantos años de vida, sin embargo, sólo traen*

---

[108] La *Septuaginta* o Versión griega de los LXX difiere aquí del texto
hebreo y lee: ὁ ἔτος ἐγώ ὡς ἀράχνη μελετάω; que la *Vulgata* traduce: *"Anni mei sicut aranea meditabuntur",* "Nuestros años como
tela de araña serán considerados". Otras traducciones leen *"como
tela de araña serán mesurados"* o *"como tela de araña serán me-
ditados".* FELIPE SCIO DE SAN MIGUEL [1738-1776] comenta en una
nota a su traducción: «Nuestros años son considerados semejantes
a la frágil tela de una araña, que hace con tanto afán, desentrañán-
dose por hacerla, y a veces muriéndose antes de acabarla».
[109] Salmo 39:11.

*pesadas cargas y calamidades: pronto pasan, y con ellos
pasamos nosotros. NVI] [Los días de nuestra vida llegan
a setenta años; y en caso de mayor vigor, a ochenta años.
Con todo, su orgullo es sólo trabajo y pesar, porque pronto pasa, y volamos. LBLA]*[110]

_____

[110] Sobre este versículo AGUSTÍN DE HIPONA [353-429] hace una
peculiar observación, que transcribimos no tanto por su valor exegético sino a modo de curiosidad: «Sumando setenta y
ochenta años da 150; y ese es el número de salmos incluidos
en el salterio; y 150 días prevalecieron las aguas sobre la tierra
cuando el diluvio (Génesis 7:24). De lo cual no se nos hace
complicado deducir que se trata de un número sagrado, lo mismo que el número 15 que se forma sumando el siete y el ocho.
El primero tiene que ver con la observancia del sábado, y nos
lleva al Antiguo Testamento; y el segundo tiene que ver con
la resurrección del Señor, y nos conduce al Nuevo Testamento. Por eso había en el templo quince gradas o peldaños, como
quince son también los salmos o cánticos graduales; y quince codos más alto subieron las aguas del diluvio, después que
fueron cubiertos los montes (Génesis 7:20). Por ello todos los
pasajes donde aparece este número son considerados pasajes
especialmente sagrados (…) El 70, *"los días de nuestra edad"*,
simboliza las cosas temporales; la edad habitual del hombre,
que es de carácter temporal, y nos lleva al Antiguo Testamento
donde se nos habla de realidades temporales. El 80, que son los
años de *"los más robustos"* simboliza el Nuevo Testamento, no
las cosas temporales sino las eternas, es decir, la resurrección y
la vida perdurable. ¿Por qué entonces dice *"su fortaleza es molestia y trabajo"*? Porque a pesar de que los creyentes del Nuevo Testamento, simbolizados en el número ochenta, gozamos
de la promesa, mientras permanecemos en esta tierra nuestra
vida implica *"molestia y trabajos"*, sinsabores y mucho dolor,
mientras *"gemimos dentro de nosotros mismos, esperando la
adopción, la redención de nuestro cuerpo. Porque en esperanza
fuimos salvos; pero la esperanza que se ve, no es esperanza;
porque lo que alguien ve, ¿a qué esperarlo? Pero si esperamos*

Los días de nuestra edad son setenta años. Moisés vivió más de setenta años. Pero fue una excepción de la regla, pues en su tiempo la extensión de la vida humana se había reducido sensiblemente y era más o menos lo que es en la actualidad.[111] Comparada con los patriarcas y otros personajes de la antigüedad[112] es breve, y es nada comparada con la eternidad. Suficiente para practicar en ella la virtud y la piedad, y excesivamente larga para el vicio y la blasfemia. El texto hebreo nos muestra que Moisés se expresa aquí de forma inconexa, como si articulara frases sueltas acerca de la brevedad de la existencia del hombre. Podría traducirse también: "¡Los días de nuestra edad! ¡Total, setenta años!", que equivale a: "¿Los días de nuestra edad? ¡Qué decir de ellos! ¿Vale la pena mencionarlos? Su número es insignificante, ya que justo alcanzan a setenta".

Y si en los más robustos alcanzan hasta los ochenta; con todo su fortaleza[113] es molestia y trabajos. Ese vigor excep-

---

lo que no vemos, mediante la paciencia lo aguardamos" (Romanos 8:24-25)»*. Los interesados en profundizar en el tema del simbolismo y significado de la numerología en las Escrituras, encontrarán amplia información en el libro de Ethelbert William Bullinger [1837-1913]: *"Cómo entender y explicar los números de la Biblia"*, publicado por CLIE.

[111] Dice Francisco Lacueva [1911-2005]: «A la objeción de que precisamente Moisés y Aarón llegaron a vivir 120 años, responde Alexander MacLaren: "La longevidad de ciertas personas conspicuas de aquel tiempo no garantiza la conclusión de una mayor media de longevidad, y la generación que cayó en el desierto no pudo obviamente haber vivido más del límite señalado por el salmista"».

[112] Set, 912 años (Génesis 5:8); Enós, 905 años (Génesis 5:11); Cainán, 910 años (Génesis 5:14); Mahalaleel, 895 años (Génesis 5:17); Jared, 962 años (Génesis 5:20); Matusalén, 969 años (Génesis 5:27); Lamec, 777 años (Génesis 5:31).

[113] En hebreo וְרָהְבָּם *wərāhəbām* de רֹהַב *rôhâb*. Kraus señala que este termino «sólo aparece aquí en todo el A.T. y tiene probable-

cional que traspasa los límites de los setenta años sólo sirve
para sumir al anciano en una etapa en que la vida no es más
que cansancio y tristeza.[114] Pues si en la ancianidad el vigor
prolongado es, en el mejor de los casos, trabajo y molestia, ¡qué será la debilidad! ¡Esfuerzos y jadeos para respirar!
¡Dificultades para moverse! ¡Debilidad en todos los proce-
sos vitales! ¡Sentimiento generalizado de flaqueza! Son los
días malos, los años en los que el hombre exclama: *"No en-
cuentro en ellos placer alguno"*[115]. La langosta está grávida
y el deseo desaparece.[116] ¡Así es la edad avanzada! Con todo,
dulcificada con experiencias santas y reconfortada por la esperanza de la eternidad, la vejez de los cristianos tiene más
motivos para ser envidiada que compadecida. Ciertamente,
el sol se pone y el calor cenital desaparece,[117] pero dulces son
la calma y frescor vespertinos; la hermosura del día se desvanece, pero no en una noche oscura y amenazadora, sino en
un día glorioso, sin nubes, un día eterno. Lo mortal se retira
para dejar paso a lo inmortal;[118] y el creyente anciano cae
dormido para despertar en la región de la juventud perenne.

Porque pronto pasan, y volamos. Se rompe el cable de
la amarra y el navío avanza por el mar de la eternidad; se
quiebra la cadena que la sujetaba, y libre, el águila remonta
el vuelo hacia su región nativa, más allá de las nubes. Moisés

---

mente el significado de *"orgullo, arrogancia, magnificencia"*».
Una posible traducción podría ser *"y si con arrogancia llegan a
los ochenta"*.

[114] FRANZ JULIUS DELITZSCH [1813-1890] interpreta este texto rela-
cionándolo con el castigo decretado contra los israelitas: «Aunque
cumplan setenta años o alguno llegue incluso a ochenta, de nada
les va a servir, les será sólo molestia y trabajo inútil ya que ninguno
alcanzará a pisar la tierra prometida».

[115] Eclesiastés 12:1.

[116] Eclesiastés 12:5.

[117] Eclesiastés 12:2.

[118] 1ª Corintios 15:54.

cantaba de esta manera porque sentía lástima de los seres humanos; y con razón, pues todos sus camaradas, uno tras otro iban cayendo a su lado. Probablemente sería mejor traducir sus palabras como: *"Porque él nos empuja apresuradamente, y volamos"*. Como las codornices fueron empujadas por un fuerte viento del oeste,[119] así son empujados también los hombres hacia las tempestades de la muerte. Sin embargo a los creyentes, los vientos nos son favorables. No nos empujan, nos mecen; nos soportan y llevan a cuestas, del mismo modo que las brisas suaves transportan a las golondrinas desde los dominios invernales hasta tierras más cálidas. Nos conducen a un país:

"Donde los manantiales fluyen inagotables
y las flores nunca se marchitan"[120]

¿Qué lugar mejor puede uno desear? ¿Qué absurda cadena nos retiene a esta tierra induciéndonos a permanecer en ella? ¿Qué nos ofrece este mundo triste y pobre para que sigamos aferrándonos con tanto ahínco a sus orillas? ¡Salgamos, salgamos de él! No es nuestro lugar de reposo. ¡Raudos al cielo! ¡Sí! Dejemos que los vientos del Señor nos lleven si esa es su voluntad, porque con su bufido nos hacen volar más rápidamente hacia su presencia, al amado país de nuestro destino.

C. H. Spurgeon

---

[119] Números 11:31.

[120] Spurgeon cita aquí la segunda estrofa del conocido himno de Isaac Watts [1674-1748] que dice: *"There is a land of pure delight / Where saints immortal reign; / Infinite day excludes the night, / And pleasures banish pain"*. La segunda estrofa (que cita Spurgeon) dice: *"There everlasting spring abides, / And never-withering flowers: / Death like a narrow sea divides / This heavenly land from ours"*.

Porque es cortado presto, y volamos.[121] En el *Witan* o consejo convocado por el rey Edwin de Northumbria,[122] en Godmundingham, (cuyo nombre moderno es Godmanham) para debatir la misión de obispo Paulinus,[123] uno de los principales jefes locales se dirigió al rey en los siguientes términos: «La vida presente del hombre, oh rey, puede compararse a lo que sucede algunas veces cuando tú estás sentado en tu salón en época de invierno para cenar con tus *thanes* y nobles. Mientras en el exterior ruge la tempestad de viento y nieve, dentro del salón arde en la chimenea un buen fuego que lo calienta. De pronto, un gorrión entra volando por la puerta, pero se asusta y sale rápidamente por otra. Por unos instantes, mientras ha permanecido dentro del salón, se siente protegido de las ráfagas glaciales del invierno y feliz; pero es una felicidad muy pasajera, ya que de inmediato sale otra vez a la región helada de donde procede, desapareciendo de tu vista. Así de breve y fugaz es la vida del

---

[121] Traducción de la Reina Valera Antigua (1909) y de la KJV.

[122] Se refiere a EDWIN O EADWINE DE NORTHUMBRIA [586-633] rey de Deria y Bernicia (que posteriormente fue Northumbria) en la Inglaterra medieval anglosajona.

[123] Según las crónicas de BEDA EL VENERABLE, Paulinus o Paulino de York fue enviado para convencer a los anglosajones de que abandonaran sus creencias paganas y aceptaran el cristianismo. Había logrado convencer y convertir al rey Edwin de Northumbria; pero el rey le explicó que antes de consignar a sus súbditos a la nueva fe, tenía que exponer el asunto ante su *witan* o consejo de jefes. Beda recoge con toda riqueza de detalles las intervenciones de esos jefes en el Consejo, en su *"Ecclesiastical History of the English People"*, escrita en latín, por considerarlas parte del momento histórico crucial en que la sociedad anglosajona comenzó a abandonar el paganismo germánico para aceptar la nueva fe cristiana traída de Roma.

hombre: ignoramos de dónde venimos y pasamos volando por este mundo con total desconocimiento de lo que nos sucederá después. Por tanto, si esta nueva doctrina nos aporta un poco más de certeza sobre ello, merece con justicia que la sigamos».

BEDA EL VENERABLE [673-735]
"Bede's Chronicle", 731[124]

Los días de nuestra edad son setenta años, dice Moisés, y siendo generosos pongámoslo en ochenta, a pesar de que los que llegan a ochenta no son tantos. Con todo, difícil es afirmar que vivamos tantos años si hemos de juzgar por lo que propiamente se puede llamar *"vida"*. Restemos de entrada diez años de infancia y adolescencia, que Salomón califica de "desenfreno y vanidad",[125] y de los cuales escasamente recordamos qué hicimos y vivimos realmente. ¿Cuánto nos queda? De los restantes quitemos una tercera parte que necesitamos pasarnos durmiendo tendidos como bloques de piedra sobre una cama, insensibles a lo que sucede a nuestro alrededor. ¿Y cuánto nos queda? Deduzcamos también el tiempo que pasamos preocupados y ocupados en cosas mundanas, que permanecemos muertos y enterrados en las cosas del mundo. ¿Por cuántos vamos? Saquemos además el tiempo que pasamos en pecado y rebelión deliberadamente, dado que mientras pecamos no vivimos, sino que estamos *"muertos en el pecado"*[126], ¿Cuánto nos queda de vida? ¡Sí, qué corta queda nuestra vida

[124] Ver también *Veda Venerabilis: "Historia Ecclesiastica gentis Anglorum"*, 731.
[125] Eclesiastés 11:1-10.
[126] Efesios 2:1.

vista de ese modo! La naturaleza ya nos concede una vida corta, y de ella pasamos parte durmiendo, parte jugando, una buena porción enfrascados en las cosas de este mundo (...) de modo que para vivir la vida cristiana, la vida espiritual, la vida verdadera, al final no nos queda muy poco o nada.

ROBERT WILKINSON
rector de St. Olave, Southwark
"A Meditation of Mortalitie", 1612
sermón predicado al Príncipe de Gales HENRY FREDERICK
[1594-1612] pocos días antes de su muerte

Los días de nuestra edad son setenta años. Puede sorprender que Moisés defina los días de vida del hombre como *"setenta años"*. Pero cuando tenemos en cuenta que en el segundo año de peregrinaje por el desierto,[127] Dios decretó que todos aquellos que habían sido censados recientemente en el Sinaí morirían en el desierto antes de terminar los cuarenta años de peregrinaje, el lamento de Moisés sobre la brevedad de la vida humana es comprensible y muy apropiado. Todo el salmo adquiere un sentido solemne y conmovedor como confesión penitencial de los pecados que habían acarreado tan tristes consecuencias a la nación hebrea, como advertencia a generaciones futuras, como humilde oración implorando protección de la ira divina, y como endecha funeraria sobre todos aquellos cuya muerte había sido decretada por la temible voz divina.

CRISTOPHER WORDSWORTH [1807-1885]
"Commentary on the Whole Bible", 1856

---

[127] Números 14:28-39.

Los días de nuestra edad son setenta años. La vida del hombre ha ido acortándose gradualmente en diversos períodos. La muerte se ha aproximando situándose cada vez más cerca de nosotros. Adán, primer hombre, vivió novecientos treinta años. Y vivir setecientos u ochocientos años era habitual en el período anterior al Diluvio. Pero la Historia Sagrada (que tiene preeminencia sobre todas las demás historias en razón de su antigüedad) nos informa que inmediatamente después del Diluvio, los años de vida del hombre fueron acortados a la mitad... bajando de los novecientos, ochocientos y setecientos a cuatrocientos y trescientos, como vemos por los años de vida de Arfaxad, Selaj, y Éber, etc.[128] A continuación leemos que Peleg, Reu, Serug, y Tharah,[129] bajaron a menos de doscientos años. Es decir, que en pocas generaciones la vida del hombre se había reducido mitad. Abraham vivió sólo ciento setenta y cinco años.[130] Sara, Ismael, Isaac, Jacob se quedaron por debajo de los ciento cincuenta.[131] Y José bajó a poco más de cien.[132] La vida del hombre se había reducido de nuevo otra mitad. Por ello, Moisés fija los límites diciendo: *"Los días de nuestra edad son setenta años; y si en los más robustos son ochenta años"*. A pesar de que algunos opinan que estas palabras de Moisés no se refieren en realidad a la vida del hombre en general, sino a las vidas acortadas de los israelitas en el desierto, no veo razón por la que no pueda aplicarse a ambas cosas. Es cierto que el propio Moisés, que compuso el

---

[128] Génesis 11:13-17.
[129] Génesis 11:19-26.
[130] Génesis 25:7.
[131] Génesis 47:28.
[132] Génesis 50:26.

salmo, vivió ciento veinte años,[133] pero probablemente está hablando de la media de vida del hombre en términos generales.

JOHN EDWARDS [1637-1716]
"A Compleat History or Survey of All the Dispensations", 1699

Su fortaleza es molestia y trabajos. Por regla general la edad avanzada implica un estado débil en el que incluso la langosta es una carga.[134] Un anciano es siempre una carga: para su esposa, para sus hijos, para sí mismo. Como Barzilai galaadita dijo a David: *"De edad de ochenta años soy este día. ¿Podré distinguir entre lo que es agradable y lo que no lo es? ¿Tomará gusto ahora tu siervo en lo que coma o beba? ¿Oiré más la voz de los cantores y de las cantoras? ¿Para qué, pues, ha de ser tu siervo una carga para mi señor el rey?"*[135]. La vejez es un huésped agradable y debe ser bienvenido; pero nunca va solo, siempre viene acompañado de una comparsa poco recomendable: ceguera, dolores, toses, y un largo etcétera. Y a estos auto-invitados, que no traen sino inconvenientes, ¿cómo podemos darles la bienvenida? *"Su fortaleza es molestia y trabajos"*, dice el salmista. Y si su fortaleza, lo mejor que tiene, es molestia y trabajos, ¿qué será su debilidad?[136]

THOMAS ADAMS [1583-1653]
"Mystical bedlam, or the world of mad-men", 1615

---

[133] Deuteronomio 34:7.
[134] Eclesiastés 12:5.
[135] 2ª Samuel 19:35.
[136] Job 5:6-7.

Su fortaleza es molestia y trabajos.

Innumerables enfermedades se apoderan de sus junturas,

ponen cerco a la vida, y la empujan hacia un horrendo asedio.[137]

SAMUEL JOHNSON [1709-1784]
"The Vanity of Human Wishes: The Tenth Satire of Juvenal Imitated", 1749

Su fortaleza. Más propiamente, *su orgullo: "el orgullo de los días de su vida es molestia y trabajos",* o también *"aún sus mejores días no son sino molestia y trabajo".*

CHRISTIAN GOTTLIEB BARTH [1799-1862]
"The Bible manual an expository and practical commentary on the Books of Scripture", 1865

Vers. 11. *¿Quién conoce el poder de tu ira, y tu indignación según que debes ser temido? [¿* Quién conoce el poder de tu ira, y quién conoce tu enojo como los que te temen? RVR77*] [¿Quién puede comprender el furor de tu enojo? ¡Tu ira es tan grande como el temor que se te debe! NVI] [¿Quién conoce el poder de tu ira, y tu furor conforme al temor que se te debe? LBLA]*

¿Quién conoce el poder de tu ira? Moisés vio hombres morir a su alrededor, vivió rodeado de funerales, y

---

[137] En el original, *"Unnumbered maladies his joints invade, / Lay siege to life, and press the dire blockade".* La cita procede de *"The Vanity of Human Wishes: The Tenth Satire of Juvenal Imitated"* de Samuel Johnson. Líneas 283/284.

se sentía abrumado ante las temibles consecuencias del desagrado divino. Así concluyó que nadie puede medir el alcance de la ira del Señor, ya que según sea el grado de temor, así será el sentimiento con respecto a su ira. Las personas piadosas temen la ira divina más que a nada, pero nunca vinculada terror; mientras que las personas perversas, cuando despiertan a ese sentimiento, se aterrorizan, experimentan un choque violento, aunque ese horror nunca sobrepasa los límites de la realidad, puesto que horrenda cosa es caer en las manos de un Dios encolerizado.[138] Cuando la Sagrada Escritura describe la ira de Dios contra el pecado, nunca exagera, jamás utiliza hipérboles,[139] puesto que exagerarla para enfatizarla sería no sólo impropio sino imposible. Cualesquiera que sean los sentimientos de santo temor y sagrado temblor que muevan a un corazón tierno, nunca serán excesivos; pues aparte de otras consideraciones, la realidad impresionante de la ira divina desatada en todo su ímpetu, no puede ser excesiva a la hora de impresionar y conmover la mente humana respecto a las horrendas y legítimas consecuencias que derivan de tal contemplación. ¡No hay criatura viviente capaz de concebir el alcance de la explosión de ira divina en el infierno, y que de no ser por la misericordia que la contiene, se extendería por la tie-

---

[138] Hebreos 10:31.

[139] La HIPÉRBOLE es una figura literaria de lenguaje o de dicción que consiste en exagerar intencionadamente lo que se dice con el propósito de enfatizar una idea. Un ejemplo de hipérbole literaria la tenemos en el texto bíblico, con esta exageración casi absurda cuando Pablo dice a los Gálatas: *"Mas si aun nosotros, o un ángel del cielo, os anunciare otro evangelio diferente del que os hemos anunciado, sea anatema"* (Gálatas 1:8).

rra! Algunos pensadores modernos se burlan de Milton,[140] de Dante,[141] de Bunyan [142] y de Baxter,[143] por su imaginación desatada al describir los horrores del infierno y las penas de la condenación eterna; pero lo cierto es que no hay visión de poeta ni proclama de vidente capaz de

[140] Se refiere al famoso político, filósofo poeta y escritor inglés JOHN MILTON [1608-1674], autor de numerosas obras y conocido especialmente por sus poemas épicos *"Paradise Lost"*, "El paraíso perdido", y *"Paradise Regained"*, "El paraíso recobrado". Es una de las figuras más importantes de la literatura inglesa, considerado por muchos al mismo nivel que Shakespeare.

[141] Se refiere al famoso poeta y escritor italiano DANTE ALIGHIERI [1265-1321] autor de "La Divina Comedia", una de las obras fundamentales de la transición del pensamiento medieval al renacentista, obra maestra de la literatura italiana y una de las grandes obras de la literatura universal.

[142] Se refiere al pastor puritano y escritor inglés JOHN BUNYAN [1628-1688], autor de *"The Pilgrim's Progress"*, "El progreso del Peregrino", una de las alegorías cristianas más conocidas y leídas, y obra cumbre de la literatura protestante. Publicada en español por CLIE.

[143] Se refiere a al predicador y escritor puritano RICHARD BAXTER [1615-1691], uno de los teólogos puritanos más conocidos y reputados. Ordenado diácono en 1638 por el obispo JOHN THORNBOROUG [1551-1641] de Worcester, fue director de la "Escuela Richard Foley" de Dudley en 1639, y maestro adjunto en Bridgnorth de 1639 a 1641. Allí se dedicó a estudiar las diferencias entre la Iglesia de Inglaterra y los no-conformistas, y acabó inclinándose por estos últimos y rechazando el gobierno episcopal de la Iglesia. Su nombre está asociado de manera especial a la ciudad de Kidderminster (2000 habitantes en aquella época), donde ejerció un notable trabajo pastoral y misionero, entre 1641 y 1660. Escribió constantemente, y a lo largo de toda su vida publicó más de 200 obras (de las cuales varias han sido publicadas por CLIE en español), por lo que es considerado como es uno de los teólogos británicos más prolíficos.

alcanzar el nivel de pavor de la ira divina, y menos aún excederla. Las descripciones que con tan negros trazos ha escrito la ficción humana sobre la ira que ha de venir es horrores atenuados y no exagerados: la imaginación se queda muy corta, todo queda por detrás de la realidad. Tened mucho cuidado todos los que olvidáis impunemente que Dios puede haceros pedazos, y que cuando suceda, no habrá quién pueda libraros. Pues fuera de sus lugares santos, Dios es terrible. ¡Recordad Sodoma y Gomorra![144] ¡Recordad a Coré y sus seguidores![145] ¡Fijaos bien en las *"tumbas de los codiciosos"*[146] en el desierto! Sí, sospesad bien lo terrible del lugar donde el gusano no muere, y el fuego nunca se apaga. ¿Quién se atreve a enfrentarse a este Dios justamente airado? ¿Quién se atreverá a arremeter contra las gruesas defensas de su escudo o a tentar el filo de su espada? Seamos sensatos, y como corresponde a pecadores agonizantes, sometámonos de inmediato a este Dios eterno, que puede, incluso en este mismo instante, mandarnos al polvo y desde allí directos al infierno.[147]

C. H. Spurgeon

---

[144] Génesis 19:24-26.

[145] Números 26:8-10.

[146] Se refiere al lugar no identificado con certeza, donde acamparon los israelitas entre el monte Sinaí y Cades durante su peregrinación por el desierto según Números 33:16: *"Salieron del desierto de Sinaí y acamparon en Kibrot-hataava"*. *"Kibrot-hataava"* significa en hebreo "tumbas de los codiciosos". Muchos israelitas murieron y fueron enterrados allí como resultado de una plaga que cayó sobre ellos por codiciar carne (Números 11:18,34,35; Deuteronomio 9:22).

¿Quién conoce el poder de tu ira? Podemos en cierto modo alcanzar a medir la ira del hombre, intuir hasta dónde puede llegar, y anticipar lo que pueda a hacer; pero es imposible medir o anticipar la ira de Dios, porque es inconmensurable.

JOSEPH CARYL [1602-1673]

¿Quién conoce el poder de tu ira? Nadie en absoluto. Y como no puede ser conocido, debemos asumir que es inconmensurable, como el amor de Cristo, que sobrepasa a todo conocimiento.[148]

JOHN BUNYAN [1628-1688]
"The Greatness of the Soul and Unspeakableness of its Loss Thereof", 1683

---

[147] AGUSTÍN DE HIPONA [353-429] añade un matiz adicional: «Con frecuencia hay personas que se sienten conturbadas intentando medir el alcance de la ira de Dios a la luz de cómo suceden las cosas en este mundo, y no acaban de comprender cómo algunos con quienes Dios parece estar más airado son los que mejor viven y mayores bienes reciben. En realidad, pocos son los que alcanzan a ver en la vana felicidad temporal de los impíos una prueba de mayor ira de Dios, olvidando que para él mil años son como un día, y que tiene el poder de mandar las almas al infierno después de la muerte del cuerpo. Conturbó incluso al autor del Salmo 73, que confiesa que debido a ello: *"Por poco resbalaron mis pasos. Porque tuve envidia de los arrogantes, viendo la prosperidad de los impíos"* (Salmo 73:2-3). Pero finalmente, al entrar en el santuario de Dios fueron abiertos sus ojos al comprender *"el fin de ellos"* (Salmo 73:17). Y ello le condujo a darse cuenta de que son pocos, aún entre los asiduos al santuario, los que saben valorar correctamente la ira de Dios. Unos porque se agobian temiendo castigos que a ellos, como hijos de Dios, ya no les son aplicables; y otros porque se rebelan, y con ello la infravaloran siendo incapaces de ver más allá de la prosperidad temporal de los malvados».
[148] Efesios 3:19.

¿Quién conoce el poder de tu ira? Moisés nos quiere decir aquí, creo yo, que es el santo temor de Dios, y únicamente él, el que nos lleva verdaderamente a experimentar la ira divina en toda su intensidad. Pues vemos que el reprobado, aunque sea castigado severamente, se rebela y muerde la brida, cocea contra Dios, se exaspera y se embrutece, como si las calamidades en lugar de ablandarle lo endurecieran todavía más. Hasta tal punto llega su rebelión. Y aunque se vea agobiado por las tribulaciones y proteste a voz en grito, con todo, la ira divina no alcanza a penetrar en su corazón para abatir su orgullo y altanería. Tan solo la mente de los píos se siente impactada por la ira de Dios. Y no porque aguarde a que sus rayos le caigan encima, contra los cuales el reprobado opone su cerviz de hierro; sino que tiembla desde el mismo instante en que Dios mueve en este sentido siquiera su dedo meñique. Esto es lo que considero que quiere decir verdaderamente el profeta.

JUAN CALVINO [1509-1564]

¿Quién conoce el poder de tu ira? Ningún hombre conoce el poder de la ira de Dios porque tal poder nunca ha sido ejercido en toda su extensión. ¿No hay pues medida a la ira de Dios? ¿No hay criterio por el cual estimar su intensidad? No, no hay medida posible para la ira de Dios porque no hay punto de referencia, no hay escala que nos permita valorar su intensidad. Pero sí que hay una variable: el temor que siente el hombre impío cuando se aproxima a la muerte, cuando el ángel exterminador se cierne sobre él y los pecados de su juventud y de su madurez lo asedian como un ejército, afligiéndolo y aterrorizándolo, mientras ve todavía con plena conciencia cómo la vida se le escapa y siente que va a morir sin estar preparado para ello. Entonces, la funesta anticipación que hace de su propio futuro es literalmente horrenda. Al pensar en Dios, ante cuya presencia intuye que se va a encontrar muy pronto, le invade un terror incontenible, y se ve presa de tal espanto, que incluso aquellos que más le aman y mayor simpatía le tienen, se sobrecogen ante la fiereza de su mirada y el miedo que destilan sus palabras. Y no podemos decirle, a pesar de que esté ansioso y delirante de saberlo, que su miedo a Dios hace que la ira divina adquiera un color todavía más negro del que realmente tiene. Pues sabemos que conforme al temor, así es la ira; que cuando el temor a Dios alcanza en un hombre su punto álgido, y su mente palpita con tanta vehemencia que su estructura amenaza con partirse en pedazos y desmoronarse, la ira del Altísimo va a la par con este gigantesco temor (...).

Es probable –pues posiblemente no haya ser humano sobre la superficie de la tierra a quien no le haya sucedido alguna vez– que te hayas sentido agobiado por la idea de que una vida disipada ha de desembocar forzosamente en una eternidad de tormentos. Y si en medio de la soledad de la noche o en el abatimiento de una enfermedad, te ha parecido cruzarte con formas fastasmagóricas de seres justicieros y vengativos, las has rechazado como imaginaciones o calenturas de tu mente enferma y asustada, pero debemos advertirte que te estas engañando a ti mismo y refugiándote en un cúmulo de mentiras. El cuadro que presenciaste en tus peores momentos no era exagerado: *"¡Tu ira es tan grande como el temor que se te debe!"* (NVI). El temor no es más que un espejo que tú mismo puedes alargar y ensanchar hasta el infinito, y la ira se alarga cuanto se alargue el temor y se ensancha cuanto el temor se ensanche, llenando ese espejo de nuevas y terribles formas de desgracia y terror. Te advertimos, pues,

contra la tentación de dar cabida en tu mente a la hala-
gadora idea que es posible exagerar la ira de Dios; pues
debes saber que cuando el temor ha llegado a su clímax y
ha hecho todo su trabajo, ni con mucho alcanza a aproxi-
marse a la realidad de la ira que imagina (…).

Ahora bien, pasar de esta visión terrorífica de la ira
de Dios a la de insensibilidad, que es parecido, es relativamente fácil. Las apreciaciones que los seres humanos
hacen de la ira de Dios son proporcionales al temor y re-
verencia que el nombre y los atributos de Dios causan en
ellos. Quien no posee más que una idea vaga del carácter
de su Creador, no tendrá más que una idea vaga de su
futura venganza. Y ello hace que la mayoría de los seres humanos desarrollen una insensibilidad estúpida hacia
la ira del Señor. Mirad sino a la multitud de mundanos
e indiferentes que hay por todas partes. En ellos no hay
sentido alguno de temor de Dios; simplemente son *"de la
tierra, terrenal"*[149]. El alma humana vive sepultada dentro
del cuerpo físico y jamás ha despertado a un sentido de su
posición con respecto a un Creador santo y vengador, lo
que explica la ausencia de toda percepción o conocimiento del poder de la ira de Dios. *"¿Quién puede comprender
el furor de tu enojo? "¡Tu ira es tan grande como el temor
que se te debe!"*. Sino hay temor ¿qué importa la ira?

HENRY MELVILL [1798-1871]

¿Quién conoce el poder de tu ira? Estas palabras las
dice el salmista:

1. *Como canto de lamento.* Canta la más triste y do-
lida queja contra la falsa seguridad y somnolencia moral y
espiritual que había observado en los hombres y mujeres

---

[149] 1ª Corintios 15:47.

de su generación, tanto en aquellos que habían muerto ya en sus pecados, como en los de la nueva generación que habían ocupado su lugar, pero que seguían viviendo en sus pecados. Y se pregunta: *"¿Quién de ellos conoce el poder de tú ira?"* Esa ira que va más allá de la muerte y aprisiona las almas de los hombres por toda la eternidad, ¿quiénes la toman en cuenta antes de que llegue el momento terrible cuando caigan en sus garras?

2.   *Como muestra de horror.*[150] Propia de la clara percepción que él mismo tenía sobre de la magnitud de la ira de Dios. *"¿Quién conoce el poder de tu ira?"* Es decir: ¿Quién es capaz apreciarla en toda su magnitud? Con ello trata de conminarles a sentir el horror que él mismo sentía por la magnitud de la ira divina, y les exhorta a proceder con sabiduría: *"Según sea tú temor, así es tu ira"*[151]. Y aquí ese: *"tu temor"* hay que entenderlo objetivamente, significa *"temor a ti",* es decir, *"según sea tu temor de Dios".* La idea es que en la medida en la que nuestras almas tengan temor de temor de Dios y de su ira, así será también la ira misma (*"¡Tu ira es tan grande como el temor que se te debe!"*, traduce muy acertadamente la NVI). Hemos sido dotados de almas capaces concebir distintos tipos de miedos, tan expertas en la concepción de sus deseos como en la de sus temores, que se proyectan hasta el infinito, más allá de este mundo y de los seres que en él habitan. El alma humana es una celda oscura en la que, una vez el temor se engendra, se ve invadida por apariciones terroríficas que superan la proporción ordinaria de los temores de este mundo (nuestros miedos suelen magnificarse cuando les damos mayor importancia de la

---

[150] Deuteronomio 28:37.
[151] Traducción literal de la KJV: *"even according to thy fear, so is thy wrath."*

que realmente tienen). Pero en ese punto el particular, en lo que refiere al temor que dimana de la ira inmediata de Dios, el salmista dice sin paliativos: "Dejad que el alma lo multiplique y aumente, que ensanche su percepción hasta el infinito; temed hasta los límites que seáis capaces de imaginar, pues la ira de Dios y el castigo que inflige, no solo son proporcionales, sino que exceden en mucho todo el temor que podáis podido tener y todo el que podáis imaginar". ¿Quién conoce el poder de tu ira? Nadie; sobrepasa todo entendimiento.

THOMAS GOODWIN [1600-1679]
"A Discourse of the Punishment of Sin in Hell", 1680

Vers. 12. *Enséñanos de tal modo a contar nuestros días, que traigamos al corazón sabiduría. [Enséñanos de tal modo a contar nuestros días, que entre la sabiduría en nuestro corazón. RVR77] [Enséñanos a contar bien nuestros días, para que nuestro corazón adquiera sabiduría. NVI] [Enséñanos a contar de tal modo nuestros días, que traigamos al corazón sabiduría. LBLA]*[152]

---

[152] La *Septuaginta* o Versión griega de los LXX se aparta sustancialmente del Texto Masorético en este versículo y lee: ἐκἀριθμέω ὁ δεξιός σύ οὕτως γνωρίζω καί ὁ πεδάω ὁ καρδία ἐν σοφία que la *Vulgata* traduce al latín como: *"dinumerare dexteram tuam sic notam fac et conpeditos corde in sapientia",* "Haz que sea conocida tu diestra, y a los entendidos de corazón con sabiduría". Sobre esta traducción dice AGUSTÍN DE HIPONA [353-429]: «¿Qué significa aquí *"tu diestra"*? Significa Cristo, acerca del cual dijo el profeta: *"¿sobre quién se ha manifestado el brazo de Jehová?"* (Isaías 53:1) Y sobre el cual dice aquí el salmista: 'Muéstralo, dalo a conocer. Para que aquellos que en ti confían aprendan a esperar, a través de la fe, aquellas recompensas ver-

Enséñanos de tal modo a contar nuestros días. Instrúyenos en la mejor forma de valorar y aprovechar el tiempo: a lamentar el tiempo pasado, que hemos consumido

---

daderas que, cual sombras de las realidades futuras, se apuntan veladamente en el Antiguo Testamento, pero que se revelan claramente en el Nuevo Testamento. Y entiendan así que la felicidad de las cosas terrenas no es lo primero que deben buscar, sino los bienes eternos, evitando de ese modo que sus pies resbalen, como casi resbalaron los del salmista (Salmo 73:2-3) al ver la prosperidad de aquellos que no te adoran; y aprendan a valorar adecuadamente tu ira». Y JERÓNIMO DE ESTRIDÓN [347-420], polemizando con ARRIO [256-336] que negaba que Cristo fuera igual al Padre y coexistente con él desde la eternidad, en su homilía sobre este salmo dice lo siguiente: «*"Haz que sea conocida tu diestra"*. Algunos antiguos códices griegos traducen: *"Retrae tu diestra, para que traigamos al corazón sabiduría"*. Pero *"dar a conocer"* es una cosa y *"retraer"* es otra muy distinta. ¿Cuál es pues el verdadero significado? La clave está en el Salmo 74:11 donde leemos: *"¿Por qué retraes tu mano? ¿Por qué escondes tu diestra en tu seno?"*. Basándonos en esas palabras creemos que el significado es el siguiente: 'Señor, vivimos enfermos y postrados por causa de nuestros pecados, nos sentimos incapacitados: ¡obra con tu diestra y levántanos! ¿Por qué sigues escondiendo tu diestra en tu seno cuando *"en tu corazón se agita un bello tema"* (Salmo 45:1, NVI)? ¡Saca ya tu mano diestra y libéranos! ¡Desvélanos el misterio que ha permanecido oculto de generación en generación! ¡Haz que sea conocida tu Diestra!' Y ahora dime Arrio, ¿qué clase de embrollos y artimañas organizas? Pues el salmista no dice: *"crea Señor tu diestra"*, ya que su diestra ha existido desde la eternidad hasta la eternidad, y jamás estuvo Dios sin mano diestra; lo que dice es: *"haz que sea conocida tu diestra"*, es decir: sácala de tu seno donde la has tenido oculta y muéstranosla, dánosla a conocer. Y puesto que para nosotros es imposible alcanzar a conocerla en su forma divina, haz que asuma forma humana para que de ese modo podamos conocerla (Filipenses 2:6-7).

andando según los deseos de la carne; a utilizar con diligencia el tiempo presente, que es tiempo aceptable y día de salvación;[153] y a echar cuentas del que nos queda, el tiempo futuro, demasiado incierto como para arriesgarnos a derrocharlo, a no utilizarlo para ocuparnos en agradar a Dios en todo, en la oración y en buenas obras.[154] Contar las cosas es la primera operación aritmética que se enseña a los niños, la más simple. Pero para poder contar nuestros días, precisamos de instrucción del Señor. Lamentablemente, tenemos mayor interés y somos más dados a contar las estrellas que no los días de nuestra vida, a pesar de que esto último nos resultaría más práctico y nos sería mucho más útil.[155]

Que traigamos al corazón sabiduría. Reflexionar sobre la brevedad de la vida induce a los seres humanos a prestar mayor atención a las cosas eternas; pues en la medida en que miran hacia la tumba, que pronto será su cama, se tornan más humildes, en presencia de la muerte sus pasiones

---

[153] 2ª Corintios 6:2.

[154] Colosenses 1:10.

[155] Dice al respecto JOSÉ Mª MARTÍNEZ [1924-] en "Salmos Escogidos": «Los días y los años que Dios concede al hombre constituyen un capital que debe invertirse sabiamente de modo que produzca réditos. La parábola de los talentos es ilustrativa al respecto (Mateo 25:14-30). La existencia en la tierra debe vivirse al servicio de Dios y del prójimo; sólo así adquiere un valor que la dignifica. Y, dado que nuestros días están contados y se consumen rápidamente, es de sabios aprovecharlos obteniendo de ellos el máximo provecho, un rendimiento perdurable que subsista tras la muerte. Pablo nos dejó la sugestiva metáfora de "redimir el tiempo" (Efesios 5:16), es decir, rescatarlo de la vanidad, de la vacuidad, llenándolo de contenido inextinguible. Tal acto de redención del tiempo exige decisión y prudencia para evitar que los días y los años se nos escapen infructuosamente».

se enfrían, y ceden con mayor facilidad a los dictados de la sabiduría infalible. Pero hemos de tener en cuenta que esto se da sólo en aquellos casos en los que el Señor mismo es el Maestro, pues únicamente él puede enseñar tales cosas con provecho real y perdurable. Por esto Moisés ora suplicando que las dispensaciones de justicia puedan ser santificadas en la misericordia. El Señor mismo es quien habla a través de la ley: nuestro ayo, nuestro maestro de escuela para llevarnos a Cristo.[156] Y lo más razonable es que un corazón que sabe que pronto va a dejar de latir procure, mientras lo sigue haciendo, regirse bajo la mano de su sabiduría. Una vida tan corta debería ser empleada con sabiduría. No disponemos de tiempo suficiente como para justificar malgastarlo, ni siquiera un cuarto de hora. Ni tenemos tampoco la seguridad de contar con vida suficiente como justificar la mala costumbre de dejar las cosas para más adelante. Esto es algo que, si fuéramos prudentes, en nuestro corazón deberíamos ver con claridad; pero sucede que la mera prudencia de la mente no nos basta para guiarnos correctamente.

C. H. Spurgeon

Enséñanos de tal modo a contar nuestros días, que traigamos al corazón sabiduría. Moisés, que había sido instruido en toda la ciencia de los egipcios, donde la aritmética era una disciplina importante, desea ahora profundizar en ella y aprender, directamente del Señor, este cálculo en particular. ¿Por qué? ¿Por qué como afirmaba Job, tú eres quien ha determinado el número de nuestros días?[157] ¿Pretende Moisés que Dios revele a cada hombre el mo-

---

[156] Gálatas 3:24.
[157] Job 14:5.

mento de su final? Puede que semejantes especulaciones esotéricas encajaran con un egipcio, pero definitivamente no con un israelita. Tus hijos, oh Señor, saben bien que no les es dado a ellos conocer los tiempos ni las edades que pusiste bajo tu sola potestad, y que son un secreto sellado con tu mano.[158] Jamás deberíamos intentar fisgar en tales cifras ni curiosear en sus resultados. No, no es un cálculo matemático lo que Moisés pide que el Señor le enseñe, sino un principio moral. No demanda ser instruido a enumerar los días, sino a contarlos de una forma determinada: *"de tal modo"*. A hacerlo de una manera determinada, contarlos de manera que resulte útil y provechosa a los hijos de Dios. Ciertamente Señor, nuestras peticiones a ti deberían llevar siempre este distintivo que las acredite como deseos útiles, y nada deberíamos pedirte que contribuya a mejorar nuestra manera de ser; pues el que medita en su mortalidad y en lo limitado de los días de su existencia, aprende a valorar aquello que realmente importa, a valorar en qué vale la pena ocuparse; y apreciar al único a quien conviene temer: a ti, oh Señor, que eres quien enseña tan importantes lecciones. Pero dinos, Moisés, ¿tan importante es que el hombre adquiera tal conocimiento? ¿Qué utilidad tiene? Nos responde: *"Que traigamos al corazón sabiduría"*. Oh, bendito conocimiento si hace al hombre más sabio, porque la sabiduría es el mejor adorno del alma racional, el que mayor belleza le confiere. Dios la creó dotada de esa sabiduría, pero el pecado la divorció de ella, hasta el punto de hacer del hombre pecador poco menos que un necio; así lo califica la Escritura, y bien puede hacerlo, pues todas sus acciones y el fin de todos sus es-

---

[158] Hechos 1:7.

fuerzos son vanidad y aflicción del espíritu.[159] Con todo, a pesar de que el pecado ha divorciado al alma de su sabiduría original, la separación no es tan grave como para que no puedan volver a juntarse; y nada mejor para fomentar esta reunificación que meditar en la realidad irrefutable de que somos seres mortales.

ARTHUR LAKE [1569-1626]
"Divine Meditations", 1629

Enséñanos de tal modo a contar nuestros días. Moisés nos envía al Señor para que aprendamos: *"Enséñanos tú"*, no como el mundo enseña, sino como solo tú, oh Señor, puedes enseñar. No un maestro mediocre; no una escuela de poca categoría: *"Enséñanos tú"*. Pues ni Moisés mismo nos vale como maestro, excepto cuando nos transmite Palabra de Dios, convirtiéndose entonces en nuestro ayo para llevarnos a Cristo.[160] No nos remite a los profetas, ni a los apóstoles, ni a los *"santos hombres de Dios"* excepto cuando *"hablaron siendo inspirados por el Espíritu Santo"*[161]. Porque este conocimiento no viene de carne y sangre, sino de Dios: *"Enséñanos tú"*. Por ello también exclama David: *"Enséñame tu camino, oh Señor, y andaré en tu verdad"*[162]. Y de ahí la promesa de nuestro Señor a sus discípulos: *"Mas el Consolador, el Espíritu Santo, a quien el Padre enviará en mi nombre, él os enseñará todas las cosas"*[163].

CHARLES RICHARD SUMNER [1794-1834]
sermón sobre el Salmo 90, 1850

---

[159] Eclesiastés 2:26.
[160] Gálatas 3:24.
[161] 2ª Pedro 1:21.
[162] Salmo 86:11.
[163] Juan 14:26.

Enséñanos de tal modo a contar nuestros días. Atenda-
mos a la petición que hace Moisés, a lo que demanda en su
oración: Que Dios le enseñe a contar el número de sus días.
Pero, ¿no lo estaba ya haciendo? ¿No era este su trabajo co-
tidiano, su ocupación diaria? Sin duda lo hacía a conciencia
y de manera cuidadosa. Pero no le parecía suficiente, y por
tanto, ora fervientemente a Dios para que le enseñe a hacerlo
mejor. Reparad en el carácter de un hombre bueno: Lo poco
que se valora a sí mismo, la limitada complacencia en cualquiera de sus acciones o logros en la vida. Jamás considera
que aquello que ha llevado a cabo lo haya hecho lo suficien-
temente bien, pues alienta el deseo de hacer todo lo mejor
posible. La piedad verdadera va siempre acompañada de una
dosis importante de humildad. Toda persona piadosa es humilde y modesta por naturaleza, nunca se jacta de perfección
y suficiencia, jamás se considera por encima de nadie sino
más bien un perpetuo aprendiz, por lo que siempre ambicio-
na aprender con el fin de hacer las cosas mejor. Y además,
nunca considera una ofensa a su persona o a su categoría la
crítica constructiva y el recibir consejo, al contrario, busca
conocimiento y exhortación dondequiera que los haya.

EDMUND BARKER [1570-¿?]
sermón predicado en el funeral de Lady Elisabeth Capell, 1661

Enséñanos de tal modo a contar nuestros días.
Usa bien el tiempo mientras dura,
porque cuando se convierte en pasado,
deja de ser tiempo.[164]

RICHARD PIGOT [1828-1889]
"Life of Man, Symbolized by the Months of the Year", 1866

---

[164] En el original inglés: *"Improve Time in time, while the Time doth
last / For all Time is no time, when the Time is past"*.

Enséñanos de tal modo a contar nuestros días. Numerosos son los refranes y proverbios de nuestros sobrios antepasados que nos advierten que la ruina de las grandes fortunas tiene siempre su origen en pequeños dispendios, una profusión de gastos insignificantes considerados demasiado nimios por sí mismos como para ser motivo de alarma económica, pero que sumados, clavan con el tiempo una dentellada fatal a las arcas. Lo mismo sucede con la prodigalidad en la vida: quien aspira a mirar el futuro con satisfacción debe aprender a valorar cada minuto del presente, y esforzarse para que ni un exiguo segundo, ni una partícula de su tiempo caiga al suelo inútilmente.[165] Un filósofo italiano afirmaba en su *motto* o lema, que el tiempo era su hacienda. Una hacienda que si no se cultiva no produce nada; pero que si se trabaja, devuelve generosamente toda tarea hecha en ella y satisface con creces los más ambiciosos deseos. Pero siempre y cuando tengamos cuidado de que ninguna parte de la misma se pierda por negligencia, sea pasto de las malas hierbas, o se utilice más para el ocio y el recreo que para labores productivas.

SAMUEL JOHNSON [1709-1784]
"The Vanity of Human Wishes: The Tenth Satire of Juvenal Imitated", 1749

---

[165] El poeta latino LUCIO ANNEO SÉNECA [4 a.C. - 65 d.C.] en su obra *"De Brevitate vitae",* "De la brevedad de la vida", lo dice del siguiente modo: «Nadie puede devolverte los años que has vivido, la edad proseguirá su curso sin volver atrás, pasará en silencio sin hacer ruido, sin detenerse ni advertirte de su velocidad (…) El tiempo huye si no es ocupado; y aunque sea ocupado, también huye. Su celeridad, por tanto, ha de ir a la par con la presteza en aprovecharlo, agarrándolo con la misma rapidez con la que sacaríamos agua de un arroyo turbulento que pasa ahora ante nosotros, pero que sabemos que pronto se detendrá porque va a quedar seco».

Enséñanos de tal modo a contar nuestros días. Contar nuestros días no consiste en sumar y restar la longitud de la vida humana; esto ya lo hace el propio salmo en el versículo diez, cuando afirma: *"Los días de nuestra edad son setenta años; y si en los más robustos son ochenta años, con todo, su fortaleza es molestia y trabajo, porque pronto pasan, y volamos".* Tampoco en calcular estadísticamente, en terminología humana, el promedio de vida del hombre; esto es algo que puede hacer cualquiera sobre un colectivo social determinado, pero nadie con respecto a sí mismo, ni a ningún individuo en particular. No, el salmista se refiere más bien a medir nuestros días según el trabajo que hemos llevado a cabo en ellos cara a la eternidad, a la preparación para la muerte, a las precauciones adoptadas ante el inevitable juicio final. A valorar la vida humana en base a al verdadero propósito al que debe ser dedicada: la eternidad; a la que debe conducir y en la que acabará irreversiblemente. Es en base a ello que David contempla al ser humano cuando afirma: *"He aquí, tú has hecho mis días muy breves, y mi existencia es como nada delante de ti"*; y prosigue incluyendo en su valoración incluso a los que disfrutan de una vida relativamente larga, diciendo: *"ciertamente todo hombre, aun en la plenitud de su vigor, es sólo un soplo"*[166].

THOMAS DALE [1797-1870]
"The Good Shepherd and the Chosen Flock", 1847

Enséñanos de tal modo a contar nuestros días. ¡Contemos nuestros los días contando nuestras oraciones; contemos nuestros días sumando nuestros actos de amor y obediencia; contemos nuestros días a través de los recuerdos

---

[166] Salmo 39:5, LBLA.

de los santos hombres de Dios que entraron ya en la paz de su Salvador, y las esperanzas que tenemos entretejidas con ellos de la gracia y gloria ganadas para nosotros!

JOHN WILLIAM BURGON [1813-1888]
"A Plain Commentary on the Four Holy Gospels: Intended Chiefly for Devotional Reading", 1859

Enséñanos de tal modo a contar nuestros días. De todas las reglas aritméticas y operaciones matemáticas, la más difícil es ésta: *"contar nuestros días"*. Los hombres cuentan con facilidad sus rebaños de bueyes y de ovejas, cuentan los ingresos procedentes de sus fincas y negocios, cuentan incluso el valor de sus monedas. Pero en lo que refiere a sus días, no los cuentan; están persuadidos de que son infinitos y de que por tanto no tienen por qué empezar a contarlos. Y sin embargo ¿quién no se ha fijado en la cara arrugada y envejecida de un amigo? ¿O en las patas de gallo en el rostro de una amiga? Y seguro que ha exclamado sorprendido: "¡Cómo se le notan los años!" Paradójicamente, contamos los años de los demás y nos olvidamos de contar los nuestros. Es por ello que el salmista nos recomienda aprender a contar nuestros días, porque en seres mortales como nosotros hacerlo es una demostración de sabiduría.

THOMAS TYMME [1576-1620]
"A preparation aginst the prognosticated dangers of this year", 1588

Que traigamos al corazón sabiduría. Sir Thomas Smith,[167] secretario de la reina Elisabeth,[168] pocos meses antes de su muerte dijo que es una pena que los hombres no sepan con qué propósito han venido a este mundo hasta que están casi a punto de marcharse de él.

CHARLES BRADBURY
"A cabinet of jewels opened to the curious by a key of real knowledge", 1785

Que traigamos al corazón sabiduría. Dice Agustín: «Nunca lograremos contar propiamente nuestros días a menos que consideremos que cada uno de ellos puede ser el último». ¡Cuántos hay tratando de aplazar cuanto pueden el día fatídico! Se resisten dejar la tierra, cuando en realidad es la tierra la que está a punto de tragarse su vida.[169]

WILLIAM SECKER [¿?-1681]
"The nonsuch professor in his meridian splendor: or, The singular actions of santified christians", 1660

Que traigamos al corazón sabiduría. O como traduce la versión inglesa KJV: *"Que apliquemos al corazón sa-*

---

[167] Se refiere al diplomático inglés SIR THOMAS SMITH [1513-1577], Secretario de Estado del 5 de septiembre de 1550 al 19 de julio de 1553 durante el reinado de Elisebath I de Inglaterra. Es conocido en el mundo anglosajón por su famosa obra *"De Republica Anglorum; the Manner of Government or Policie of the Realme of England"*, escrita entre 1562 y 1565, y publicada en 1583.

[168] Se refiere a ELISABETH I DE INGLATERRA [1533-1603], hija de Enrique VIII y Ana Bolena, conocida también como "La Reina Virgen". Ocupó el trono desde 1558 hasta su muerte.

[169] En el original inglés el autor hace un interesante juego de palabras: *"They refuse to leave the earth, when the earth is about to take its leave of them"*.

biduría"[170]. Moisés habla aquí de la *sabiduría,* como si se tratara de algo físico, que se puede "llevar" de un sitio a otro; un ungüento que es necesario *"aplicar",* dado que pese a sus excelentes virtudes curativas no surte efecto terapéutico hasta que no es debidamente *"aplicado".* Y es el *corazón* donde ha de ser *"traída"* y *"aplicada",* sede tanto de los afectos como de los defectos, de las fortalezas como de las flaquezas del ser humano. Cuando el corazón busca con sinceridad sabiduría, la encuentra. Como si algo o alguien misterioso la hubiera puesto a su alcance, como el carnero del sacrificio de Abraham.[171] Por ello dice el Señor: *"Me buscaréis y me encontraréis, cuando me busquéis de todo corazón"*[172], advirtiendo con ello que nadie podrá encontrarlo a menos que lo busque de corazón. Está claro, por tanto, que el camino a la sabiduría consiste en traerla y aplicarla a nuestros corazones, con el mismo afán con que lo haríamos si de ello dependiera nuestra vida, como si hacerlo fuera la razón por la que hemos nacido y a la cual estamos irremisiblemente atados. Una persona puede aparentar que aplica sus oídos a la lección y sus ojos a los libros, como hacen a menudo muchos estudiantes haraganes, y sin embargo no estar asimilando conocimiento alguno. Pero desde el instante mismo en que un hombre aplica a su corazón sabiduría, aprende más en un mes de lo que había aprendido antes en un año, o incluso a lo largo de toda su vida. De igual manera, vemos que los malos

---

[170] En hebreo: לְמְנוֹת יָמֵינוּ כֵּן הוֹדַע וְנָבִא לְבַב חָכְמָה *limnōwt yāmênū kên hōwḏa' wənāḇi ləḇaḇ ḥāḵmāh.* SCHÖKEL lo traduce: *"para que adquiramos un corazón sensato";* KRAUS: *"para que llevemos un corazón sabio".*

[171] Génesis 22:13.

[172] Jeremías 29:13, LBLA.

aplican la maldad a sus corazones con diligencia, y como resultado progresan en ella rápidamente convirtiéndose pronto en perfectos borrachos, estafadores, blasfemos, etc,; también nosotros, si fuéramos capaces de aplicar a nuestros corazones la bondad y el conocimiento con el mismo afán y diligencia que ellos, como nos dice el apóstol pronto seríamos imitadores suyos como él lo era de Cristo.[173] Es por ello que cuando Salomón nos muestra en sus escritos el camino a la sabiduría, se refiere con tanta frecuencia al corazón *"Si inclinas tu corazón a la prudencia"; "deja que la sabiduría entre en tu corazón"; "busca la sabiduría", "adquiere sabiduría"; "guarda la sabiduría",* etc.,[174] como si la sabiduría fuera una dama a la que cortejar. Y de hecho, la sabiduría viene a ser como una hija de Dios, cuya mano él concede a quien la ama, la corteja y está dispuesto a alojarla en su corazón. Aprendamos pues de este texto a traer la sabiduría a nuestros corazones y aplicarla debidamente, para que redunde en nuestro bien. Aplicarla no a nuestros oídos como aquellos que sólo escuchan los sermones; no a nuestras lenguas como aquellos que tanto hablan de religión en las sobremesas; sino a nuestros corazones, para que podamos exclamar como la bendita Virgen María: *"Mi corazón engrandece al Señor"*[175]. Y a partir de aquí el corazón aplicará esa sabiduría a nuestro oído y a nuestra lengua, pues como dice Cristo: *"De la abundancia del corazón habla la boca"*[176].

HENRY SMITH [1560-1591]
en uno de sus sermones

---

[173] 1ª Corintios 11:1; Filipenses 3:17.
[174] Proverbios 2:2,10; 4:5; 8:1-12.
[175] Lucas 1:46.
[176] Mateo 12:34.

Enséñanos a contar de tal modo nuestros días, que traigamos al corazón sabiduría. Observemos cómo después de habernos proporcionado una clara descripción de la ira de Dios, el pensamiento de Moisés se adentra ahora en una meditación sobre la muerte. La ira de Dios invita a meditar sobre la muerte (…) Dejemos que los pensamientos sobre la ira de Dios invadan nuestra mente, que se apoderen de nosotros y nos infundan un santo temor y temblor que nos impulse a acercarnos más a Dios en oración: Sí, oremos estimulados por el temor a la ira, y que el ejemplo de esta oración de Moisés nos sirva de amonestación para prevenirla. Puesto que si nuestras tribulaciones presentes no bastan para infundirnos temor de Dios, el Señor nos enviará tribulaciones mayores. Oremos por tanto ahora, porque cuando las tribulaciones sean tan grandes que se nos hagan difíciles de soportar, nuestro corazón tendrá pocas ganas de orar o no encontrará en ello consuelo. Dejemos por tanto que nuestros temores apresuren nuestra oraciones, y a su vez, oremos de forma que nuestras oraciones sirvan para superar todos los temores y ahuyentarlos de nosotros. Con ello habremos alcanzado un doble objetivo que nos traerá doble felicidad: Nuestros temores nos habrán enseñado a orar; y nuestras oraciones habrán hecho que dejemos de temer.

CRISTOPHER SHUTE [1611-1671]
sermón *"Ars pie moriendi or The True Accomptant"*, 1658

Enséñanos a contar de tal modo nuestros días, que traigamos al corazón sabiduría. El argumento más persuasivo para que los seres humanos se preocupen por su destino eterno es la persuasión práctica de que su vida es corta. Sólo *"traerán sabiduría"* a sus corazones si se ven en la necesidad de *"contar sus días"*. ¿Y de qué manera podemos, hermanos, conducirlos a tal reflexión? Lo más sorprendente de estas palabra de Moisés es que son parte de una plegaria, una petición a Dios. Para que los seres humanos aprendan a contar sus días, dice el salmista, se necesita la intervención divina. Y esto sí que es sorprendente. Puesto que por reacción natural no podemos evitar preguntarnos: ¿Cómo? ¿Acaso la vida en sí misma no aporta suficientes lecciones sobre la fragilidad humana que hace falta intervención sobrenatural para que nos demos cuenta de ella? Visitad el cementerio[177] en cualquier iglesia, leed las lápidas de las tumbas y os daréis cuenta de que hay enterradas gentes de todas las edades y de todos los rangos sociales. ¿No es suficiente para convencernos de la incertidumbre de la vida? Visitad a familias en duelo –las encontrareis en todas partes– y podréis comprobar que muchas lloran la muerte de un anciano, pero otras la de un joven, y otras a un niño que la muerte les ha arrebatado sin distinción alguna. ¿No son sus lágrimas lo bastante elocuentes para persuadirnos de que somos mortales? ¿Puede ser que pisando día tras día el polvo de nuestros padres[178] y asistiendo al entierro de nuestros hermanos, no hayamos aprendido todavía a contar nuestros días y nos haga falta que Dios imprima esa verdad en nuestros corazones por medio de alguna operación especial de su Espíritu? En otras cosas de la vida no sucede

---

[177] La palabra original es *"churchyard"*, cuya traducción literal es *"el patio de una iglesia"*. Tradicionalmente, y hasta no hace mucho, en el mundo anglosajón los patios traseros de las iglesias eran el cementerio.

[178] De nuevo tenemos que recurrir a la costumbre anglosajona de enterrar a las personas en el suelo en los patios de las iglesias y a veces incluso en los pasillos interiores, de modo que la expresión *"pisando el polvo de nuestros padres"* cabe entenderla como literal.

así; la frecuencia con que ocurren nos enseña a esperarlas y anticiparlas. El labrador no ora implorando a Dios que le *"enseñe"* que la semilla que ha sepultado en la tierra va a germinar; *"sabe"* que será así, pues este ha sido el proceso natural que ha seguido el grano a lo largo de siglos; y habiendo tanta experiencia acumulada, no hay lugar para tal petición. El marino no ora pidiendo a Dios que le *"enseñe"* que la aguja de su brújula señala siempre al norte; porque *"sabe"* que la aguja de todas las brújulas fabricadas en el mundo, desde que fue descubierto el fenómeno del magnetismo polar, han apuntado siempre al norte; y no siente necesidad de pedir por algo que conoce bien y de lo que tiene absoluta certeza. Quien viaja de noche no ora pidiendo a Dios que le *"enseñe"* que el sol saldrá de nuevo en pocas horas para iluminar su camino; porque el alba ha sucedido desde que el mundo es mundo, y entonces, ¿para qué orar pidiendo certeza de algo que conoce lo suficiente? Pues bien, en estos ejemplos no hay mayor seguridad y certeza que en el hecho de que todos tenemos asignado un día para morir. ¡Y a pesar de ello, el salmista nos dice que debemos orar para que Dios nos *"enseñe a contar nuestros días",* nos otorgue la conciencia, o mejor dicho, nos despierte el sentimiento de que somos mortales! Estamos ante la mayor paradoja de entre todas las que plantea la naturaleza humana: Que a pesar de su probada capacidad de inferencia empírica para establecer normas por las que guiarse, en el más crucial de todos los dilemas a que se enfrenta, el de la muerte, el hombre ha sido siempre y sigue siendo incapaz de sacar conclusiones por sí mismo. Y sin embargo, en ninguna otra cosa hay tanta base de experiencia tan común. Pues el grano no siempre germina, pero todo hombre muere. La brújula no siempre señala al norte, pero todo hombre muere. El sol no sale en todas las latitudes a la misma hora (y hay lugares en los que o no llega a salir o no se pone durante meses), pero todo hombre muere. ¡Y aún se nos dice que oremos pidiendo que nos sea revelado un misterio oculto a nuestra mirada; orar pidiendo que se nos haga saber, o mejor dicho, se nos haga creer, que todo hombre tiene que morir! Sí, "se nos haga creer", porque yo llamo incredulidad –y el profeta también– a esta ceguera y obcecación del hombre a negar la brevedad de la vida y la certeza de la muerte. Llamo incredulidad ese fenómeno extraño que permite a los seres humanos vivir tranquilos sin pensar en la eternidad, sin sentir ansiedad respecto al futuro de su alma, sin hacer el mínimo esfuerzo para garantizarse su salvación.[179] Aunque pensándolo bien, ¿es correcto llamarlo incredulidad? No, no tiene que ver esta conducta con creer o no creer, sino con otros aspectos humanos. Los hombres son seres racionales, precavidos y dados a anticipar, a y prepararse para todo aquello que estiman inevitable. Y si no fuera porque son traidores y desleales con sí mismos, con su propia cualidad de "ser mortal", jamás actuarían de la forma temeraria en que lo hacen, pasando por alto su propia seguridad.

HENRY MELVILL [1798-1871]

Enséñanos a contar de tal modo nuestros días, que traigamos al corazón sabiduría. El sentimiento de mortalidad que deriva de *"contar nuestros días"* produce efectos y reacciones distintas según la situación de cada persona. En este sentido puede ser:

---

[179] Dice el filósofo español JACINTO BENAVENTE [1866-1954]: «Se vive sin pensar porque sólo se piensa en vivir».

1. Un *antídoto* para el que padece. (Todo tiene un final).

2. Un *reconstituyente* para el que trabaja. (Es preciso esforzarse más).

3. Un *remedio* para el impaciente. (Todo tiene su tiempo).

4. Un *bálsamo* para el corazón herido. (Se acerca el día de reparación).

5. Un *correctivo* para el mundano. (Tu tiempo se acaba).

6. Un *sedante* para el frívolo. (Todavía me quedan muchos).

RICHARD ANDREW GRIFFIN [1844-1909]
"Stems and twigs: Or sermon framework being the notes of sermons", 1872

Enséñanos a contar de tal modo nuestros días, que traigamos al corazón sabiduría. En estas palabras del salmista veo cinco cosas importantes:

1. Que la muerte es el destino final de todo ser humano, no importa que se siente en el trono o que viva en una choza, al final la muerte llamará a su puerta, como llamó a la de sus padres antes que él.

2. Que el tiempo de vida de cada ser humano ha sido fijado y sus límites establecidos. Límites que son imposibles de traspasar, como los egipcios no pudieron traspasar los bordes del Mar Rojo.[180] Por ello Moisés exclama: *"Enséñanos a contar nuestros días",* dando a entender claramente que tenemos un número limitado.

3. Que nuestros días son muy pocos, como si hubiéramos sido enviados transitoriamente a este mundo sólo

---

[180] Éxodo 14:5-28.

para echarle un vistazo fugaz. Razón por la que, al referirse a la vida humana, Moisés habla de días, no de años, meses, o semanas; dice *"Enséñanos a contar nuestros días"*, asumiendo que contarlos es algo fácil para el hombre, porque son pocos.

4.   Que la habilidad del ser humano para olvidarse de la muerte más que de cualquier otra cosa, es ciertamente asombrosa. Y ora al Señor pidiendo que detenga esa locura y le enseñe a contar sus días, puesto que resbalan de su mente.

5.   Y finalmente, que recordar la brevedad de la vida, lo limitado del tiempo del que disponemos, traerá a nuestro corazón sabiduría y hará que nos apliquemos en pensar todo lo bueno.[181]

HENRY SMITH [1560-1591]
en uno de sus sermones

Al corazón. En las Escrituras tanto del Antiguo como del Nuevo Testamento, el término *"corazón"* se aplica por igual tanto a la mente (que piensa) como al espíritu (que siente) o a la voluntad (que actúa). En el caso de este versículo se refiere a las tres cosas, es decir, a toda la estructura mental y moral del ser humano. Lo que implica que el hombre por entero, en espíritu y alma, con todas sus facultades, debe aplicarse al servicio de la sabiduría.

WILLIAM BROWN KEER [1828-1898]

Sabiduría. Considero esta *"sabiduría"* a la que se refiere aquí Moisés idéntica a la *sabiduría* hipostática[182] descrita

---

[181] Filipenses 4:8.
[182] El término *hipostática* es relativo a la *hipóstasis,* término griego utilizado para referirse a las dos naturalezas, humana y divina, de Cristo en una misma persona.

por Salomón en Proverbios, es decir: la Sabiduría, el Logos, Emmanuel; la justicia, santificación y redención de su pueblo. El propósito y objetivo primordial de la vida humana debería ser alcanzar un conocimiento experimental de Cristo, por el cual *"reinan los reyes, y los príncipes decretan lo que es justo (…) cuyas delicias son con los hijos de los hombres"*, y que dice *"el que me halle, hallará la vida, y alcanzará el favor del Señor (…) Venid, comed mi pan, y bebed del vino que he mezclado"*[183]. David en los Salmos, y su hijo Salomón en los Proverbios, revelaron de forma predictiva al Mesías como *"La Sabiduría"* hipostática, que *"eternamente tuvo el principado, desde el principio, antes del comienzo de la tierra"* y *"cuyas salidas son desde el principio, desde los días de la eternidad"*[184].

JOHN NOBLE COLEMAN [1793-1872]
"The Book of Psalms, with Notes. A Revision of the authorised English Version of the Book of Psalms", 1863

Vers. 13. *Vuélvete, oh Jehová; ¿hasta cuándo? y aplácate para con tus siervos.* *[Vuélvete, oh Jehová; ¿hasta cuándo? Ten compasión de tus siervos. RVR77] [¿Cuándo, Señor, te volverás hacia nosotros? ¡Compadécete ya de tus siervos! NVI] [Vuelve, Señor; ¿hasta cuándo? y compadécete de tus siervos. LBLA]*

Vuelve, Señor;[185] *¿hasta cuándo?* Vuelve de nuevo a nosotros en misericordia. No dejes que perezcamos. No per-

---

[183] Proverbios 8:15-31; 9:1,5.
[184] Proverbios 8:22-30; Miqueas 5:2.
[185] JOSÉ Mª MARTÍNEZ [1924-] en "Salmos Escogidos" nos hace reparar en que el salmista no utiliza para invocar a Dios la palabra

mitas que nuestras vidas sean cortas y amargas. Tú nos has dicho: *"Volved, hijos de los hombres"*[186], y ahora somos nosotros quienes te imploramos: *"Vuelve, oh Guarda de los hombres"*[187]. Tu sola presencia basta para infundir paz en nuestra efímera existencia; vuélvete pues a nosotros. De la misma manera en que el pecado lo aleja, el arrepentimiento hace que Dios vuelva a nosotros. Mientras permanecemos como humanos sometidos a castigo, se nos tolera protestar y objetar preguntando: ¿Hasta cuándo? Pues durante tales períodos nuestra fe se retrae, no se muestra su relación con Dios tan audaz como de costumbre, al contrario: se apoca y retrocede en su súplica.

Y aplácate para con tus siervos. Moisés considera que los israelitas siguen siendo siervos de Dios. Se habían rebelado, pero no habían olvidado ni abandonado al Señor definitivamente; reconocieron y aceptaron su obligación de cumplir la voluntad divina, y se presentan aquí a sí mismos como razón para implorar su misericordia. ¿No protege el hombre justo al que le sirve?[188] A pesar de que Dios lo hubiera golpeado con dureza, Israel seguía sien-

---

hebrea דֹנָיאֲ *'ăḏōnāy* con la que inicia el salmo, sino יְהוָה *Yahweh*: «el Dios del pacto, comprometido a la fidelidad al pueblo de su elección. Con toda seguridad él no será indiferente a quien confiesa su pecado y suplica su misericordia. Y la petición no podía ser más concreta, ni más ardiente: *"¡Vuélvete!"*. En la mente del poeta parece agitarse el pensamiento de que Dios ha dado la espalda a su pueblo a causa de la rebeldía de éste. Ahora debe volverse nuevamente de cara a él. El verbo hebreo usado שׁוּבָה *šūḇāh,* es el mismo que aparece en el versículo 3 (*"Retornad, hijos de Adán"*). El hombre acaba volviendo al polvo. Dios acaba volviendo a su pueblo arrepentido».

[186] Salmo 90:3.
[187] Job 7:20.
[188] Malaquías 3:17.

do su pueblo, y de hecho, en ningún momento lo había desposeído de sus derechos como tal; por tanto, implora un trato más favorable de su parte. Aunque ya no podrían ver ni pisar la tierra prometida, le ruegan que los conforte y anime con su misericordia mientras dure su peregrinación por el desierto; le suplican que cambie su mueca de desagrado por una sonrisa. La oración que encontramos aquí es muy similar a otras hechas por el gran legislador hebreo en sus alegatos ante Dios en favor de la nación; es típica y propia de Moisés. Se dirige a Dios en los mismos términos que cualquier persona se dirige a un amigo.

C. H. Spurgeon

Y aplácate para con tus siervos. El verbo hebreo וְהִנָּחֵם *wǝhinnāḥêm* de נָחַם *nâcham* que nuestras biblias han traducido como *"aplácate"*, significa en realidad *"arrepiéntete"*, y por consiguiente no es impropio traducirla de ese modo: *"arrepiéntete en lo que respecta a tus siervos"*[189]. Es frecuente en la fraseología de la Escritura que cuando Dios decide detener la aflicción del hombre y concederle una nueva base de felicidad, se afirme que *"se arrepiente"*, como si hubiera cambiado de opinión. Considero, sin embargo, que los que traducen *"compadécete de tus siervos"* se aproximan más al pensamiento del profeta. Puesto que Dios, que siempre nos rodea con su ternura, no siente menos complacencia en nosotros que la que un padre por

---

[189] Aunque prácticamente todas las versiones españolas traducen: *"aplácate para con tus siervos"* o *"compadécete para con tus siervos"*, la versión inglesa KJV traduce: *"arrepiéntete en lo que respecta a tus siervos"*, algo más literal quizá al sentido del verbo hebreo וְהִנָּחֵם *wǝhinnāḥêm*, aunque la idea viene a ser la misma, pues "aplacarse" o "compadecerse", en realidad no deja de ser "cambiar de idea".

sus hijos; y esto conlleva la idea de *aplacarse* o ser propicio, tal como nosotros hemos traducido para hacer el
significado más obvio.[190]

JUAN CALVINO [1509-1564]

Vers. 14. *De mañana sácianos de tu misericordia, y
cantaremos y nos alegraremos todos nuestros días. [De
mañana sácianos de tu misericordia, y cantaremos y nos
alegraremos todos nuestros días. RVR77] [Sácianos de
tu amor por la mañana, y toda nuestra vida cantaremos
de alegría. NVI] [Sácianos por la mañana con tu misericordia, y cantaremos con gozo y nos alegraremos todos
nuestros días. LBLA]*

De mañana sácianos de tu misericordia. Consciente de
que irremisiblemente tienen que morir en el desierto, y
muy pronto, el salmista pide a Dios que apresure su misericordia sobre él y sus hermanos. Los hombres de Dios saben bien cómo transformar las pruebas más duras y tene-
brosas en argumentos a su favor ante el trono de la gracia.
Quien posee un corazón propicio a la oración, nunca se
queda sin alegatos en sus súplicas. El único alimento que
satisface plenamente al pueblo del Señor es el favor divino; y esto es lo que Moisés implora con ansia: que cual el
maná que descendía temprano en la mañana[191], el Señor

---

[190] En el texto original de *"The Treasury of David"* no figura todo
este comentario de Calvino, sino sólo una parte. Hemos traducido
el resto directamente del "Comentario a los Salmos" de Juan Calvino para hacerlo más comprensible.
[191] Éxodo 16:13-15; Números 11:9.

| 115 |

les conceda pronto su favor, a fin de que en los pocos días que les quedan puedan cuanto menos sentirse llenos de él y satisfechos. ¿Vamos a morir pronto? Entonces, Señor, en lo que nos queda de vida no nos hagas pasar hambre; te rogamos que nos satisfagas pronto. Nuestros días son cortos y la noche se apresura, concédenos oh Señor, temprano, en la mañana de esos pocos días que nos quedan, el percibir tu favor, para que a lo largo de nuestra corta existencia nos sintamos satisfechos y felices.

Y cantaremos y nos alegraremos todos nuestros días. La versión inglesa KJV traduce *"para que podamos regocijarnos y alegrarnos todos nuestros días".* Una vez llenos del amor divino, mientras siguieran con vida su existencia sobre la tierra, aunque breve, sería un festival de gozo constante y continuado. Cuando el Señor nos refresca y vigoriza con su presencia, nuestro gozo es de tal magnitud que no hay hombre capaz de arrebatárnoslo. Ningún temor a una muerte repentina puede perturbar la paz interior de aquellos que disfrutan del favor de Dios; pues a pesar de que perciben que la noche se acerca, no ven en ella nada que temer, continúan viviendo triunfantes disfrutando del favor divino del que son objeto, y dejando su futuro en las manos amorosas de Dios. Puesto que la generación que salió de Egipto había sido condenada a morir por entero en el desierto, es natural y humano que estuvieran abatidos y cayeran en el desánimo; por ello su gran líder implora esta bendición peculiar en favor suyo, porque se trata de una bendición que consuela el corazón humano por encima de todas las demás: la presencia y favor del Señor.

C. H. Spurgeon

Sácianos de tu misericordia. Una pobre alma hambrienta y aplastada bajo el peso de la ira divina, se promete a sí misma eterna felicidad si logra sentir de nuevo lo que había sentido: un sorbo de la dulce misericordia de Dios hacia ella.

DAVID DICKSON [1583-1663]
"A Brief Explication of the Psalms from L to C", 1655

Sácianos. He aquí el clamor de la humanidad entera que resuena constantemente por todos lados: ¡Sácianos! ¡Y qué clamor tan extraño, hermanos, cuando nos detenemos a analizarlo! El hombre desciende de Dios y lleva grabada en él la imagen divina. Es cabeza de la creación terrenal y su situación es incomparable, ya que cuenta con capacidades maravillosas de razonamiento, de sentimiento y de acción. El mundo y todo lo que en él hay, fue creado con el hermoso propósito de que redundara en su beneficio. Y la naturaleza por entero lo aclama con mil voces, invitándole al regocijo. ¡Y sin embargo está insatisfecho, se muestra descontento y se siente desgraciado! Cosa sorprendente y extraña; extraña en base a las filosofías humanas acerca del carácter y condición del hombre; pero no de lo que nos dice la Biblia, que nos habla de su caída. Y su insatisfacción no sólo es testimonio de la decadencia de su naturaleza, sino también, de la incapacidad de cualquier cosa terrenal para satisfacer sus anhelos.

CHARLES M. MERRY

Sácianos temprano con tu misericordia, y cantaremos con gozo y nos alegraremos todos nuestros días. Reflexionemos sobre esta oración peculiar y las numerosas consideraciones que de ella derivan, puesto que son muchas, tantas como palabras hay en ella: «*Sacia; a nosotros; temprano; con aquello que de manera particular te pertenece: tu misericordia*».

Lo primero con que nos encontramos es una plegaria personal implorando plenitud y satisfacción: *"sacia"*. Que se amplía a otros, *"sácianos"*: no sólo a mí, sino a nosotros, a todos tus siervos, a toda tu Iglesia. A la que se suma a continuación un sentido de urgencia, de celeridad y presteza: *"sácianos temprano"*. Prosigue con un reconocimiento de la evidencia de propiedad, sácianos con aquello que sabemos te pertenece: *"con tu"*. Y finalmente una cláusula limitativa, incluso para Dios, que circunscribe el cumplimiento de la petición realizada a una única cosa, en exclusividad: *"misericodia"*. Pide a Dios que no utilice otro medio. Hay un tipo de plenitud paradójica que es aquella a la que se refiere Jerónimo[192] cuando dice en sentido espiritual: *"Ebriatas felix, satietas salutaris, quoe quanto copiosius sumitur, majoren donat sobriatatem"*, "Un exceso feliz y una demasía saludable, que hace que cuanto más comamos, más templados seamos, y cuanto más bebamos, más sobrios nos encontremos". Sobre la cual dice también San Bernardo[193] con su peculiar dulzura retó-

---

[192] Se refiere a JERÓNIMO DE ESTRIDÓN o EUSEBIO HIERÓNIMO DE ESTRIDÓN [c.342-420]. Ver nota 14 en este mismo Salmo 90.

[193] Se refiere a BERNARDO DE CLARAVAL [1091-1153], doctor de la Iglesia, abad del monasterio de Claraval y reformador monástico francés, impuso el estilo que pronto se extendería a toda la *Orden del Císter:* disciplina, austeridad, oración y simplicidad. Tales ideales lo enfrentaron con PEDRO EL VENERABLE [1092-1156], abad de Cluny, pues suponían un ataque directo contra la riqueza de los monasterios, la pompa de la liturgia y el lujo de las iglesias cluniacienses. Luchó contra las incipientes tendencias laicistas de su tiempo, haciendo condenar el racionalismo de Pedro Abe-

rica: *"Mutua interminabili inexplicabili generatione, desiderium generat satietatem, et satietas parit desiderium"*, "De forma mutua y recíproca, mediante un proceso de interacción indeterminable e inexpresable entre una y otra cosa, el deseo de gracias espirituales produce satisfacción, y esta misma satisfacción engendra un mayor deseo". Se trata pues de una ambición santa, de una avaricia sagrada. De sentirse saciado con una bendición especial como la bendición concedida a Neftalí: *"saciado de favores, y lleno de la bendición de Jehová"*[194]; la bendición de Esteban: *"varón lleno de fe y del Espíritu Santo"*[195]; la bendición de la bendita Virgen María: *"llena de gracia"*[196]; la bendición de Dorcas: *"llena de obras buenas y de caridad que hacía continuamente"*[197]; y particularmente la bendición de Aquel que es bendito sobre todas las cosas y en el que todas las cosas son benditas[198], Cristo Jesús: *"lleno de sabiduría, lleno del Espíritu Santo, lleno de gracia y de*

---

lardo, quien mantenía que se debían buscar los fundamentos de la fe con similitudes basadas en la razón humana. Creía en la revelación verbal del texto bíblico, y se declaró fiel discípulo de san Ambrosio y de san Agustín, a quienes llamó "las dos columnas de la Iglesia". Rebatió también las propuestas de Arnaldo de Brescia y dejó tras su muerte numerosos escritos.

[194] Deuteronomio 33:23.
[195] Hechos 6:5.
[196] Lucas 1:28-30.
[197] Hechos 9:36.
[198] Una conocida oración latina utilizada en los colegios y universidades anglosajones para bendecir la mesa es, precisamente, la llamada *"Benedictus benedictat"* que dice *"Benedictus benedictat, per Iesum Christum Dominum nostrum. Amen"*, "Que Aquel que es bendecido lo bendiga, por Jesucristo Señor nuestro. Amén".

verdad"[199]. *"Sácianos temprano"* con algo que es particularmente tuyo: *"con tu misericordia"*. Sí, con *"tu misericordia"*, la tuya, porque hay otras misericordias conforme a los deseos del mundo que ofrecen facilidades y liberaciones; pero que nada tienen que ver con la misericordia divina, con *"su misericordia"*[200] y complacencia. No es auténtica misericordia divina aquella que no nos conduzca por buenos caminos a buen fin; que no garantice nuestra seguridad mediante alianzas con los amigos de Dios, no con sus enemigos; que no haga que nuestra paz sea compatible con la continuidad y persistencia de nuestra fe. En todo lo demás no hay seguridad verdadera ni paz verdadera.

Y ahora permitidme hacer mía esta oración, sintiendo en mí sus efectos: "Cuando el Señor me sacia con su misericordia, concluyo que cuanto pueda sucederme es obra de la mano de Dios, y por tanto, poco me importa lo que sea ni de qué se trate, pues prefiero el vinagre de Dios al aceite de los hombres; el ajenjo divino al maná terrenal; la justicia del Señor antes que toda misericordia humana". Por ello Gregorio[201] llamaba a Basilio[202] *"ambidextrum"*,

---

[199] Lucas 2:40; 4:1; Juan 1:14.

[200] Salmo 36:7; 57:10; 63:3; 108:4.

[201] Se refiere a GREGORIO NACIANCENO [342-389] Obispo de Nisa, hermano de San Basilio y uno de los tres grandes Padres Capadocios. Escribió numerosas y profundas obras teológicas.

[202] Se refiere a BASILIO DE CESAREA [329-379], conocido también como Basilio Magno o Basilio el Grande, obispo de Cesarea de Capadocia y uno de los más cuatro Padres de la Iglesia Griega. Brillante orador y teólogo, se enfrentó abiertamente emperador bizantino VALENTE [328-378], que reinaba en esa época en Constantinopla y que profesaba el arrianismo, queriendo introducirlo en su diócesis. Entre su importante obra escrita, además de sus numerosas cartas (se conservan unas 365) y textos litúrgicos como

"ambidiestro" en sentido espiritual, porque consideraba que tenía una fe ambidiestra, pues agarraba las bendiciones con una mano y las tribulaciones y sufrimientos con la otra, bajo el convencimiento de que ambas cosas formaban parte del plan de Dios para su vida, y en consecuencia debían conducirle a la alabanza, pues las dos eran caminos hacia la fe. Incluso las aflicciones son bienvenidas cuando sabemos que proceden de Dios, porque sabemos que el medio por el cual llegan, el camino que él elige, es el que esta oración sugiere: única y exclusivamente el de la misericordia: *"Sácianos temprano con tu misericordia"*. Y por tanto, sea cual sea el proceso intermedio, aunque temporalmente conlleve aflicción y sufrimiento, el resultado final siempre será un resultado feliz, pues no en vano concluye el salmista su oración diciendo que: *"cantaremos con gozo y nos alegraremos todos nuestros días"*.

JOHN DONNE [1573-1631]
sermón sobre este texto del Salmo 90
predicado en St. Paul's Cathedral, 1622.

Vers. 15. *Alégranos conforme a los días que nos afligiste, y los años en que vimos el mal.* *[Alégranos a la medida de los días en que nos afligiste, y de los años en que vimos el mal. RVR77] [Días y años nos has afligido, nos has hecho sufrir; ¡devuélvenos ahora ese tiempo en alegría! NVI] [Alégranos conforme a los días que nos afligiste, y a los años en que vimos adversidad. LBLA]*

---

la excelente exposición "Homilías sobre los Salmos", destacan su "Hexámeron" sobre Dios Creador, su "Tratado sobre el Espíritu Santo" y sus libros apologéticos contra el arriano Eunomio.

Alégranos a la medida de los días en que nos afligiste, y a los años en que vimos adversidad. Nadie puede alegrarnos tanto el corazón como tú, oh Señor, en consecuencia, alégranos en la misma medida en que nos has entristecido. Llena también el otro platillo de la balanza. Equilibra tus dispensaciones. Danos el cordero, puesto que nos has hecho gustar ya las hierbas amargas.[203] Haz que nuestros días sean tan largos como nuestras noches. Se trata de una oración original, simple como la de un niño, pero repleta de significado: basada en el principio fundamental de la bondad providente,[204] en base al cual el Señor equilibra siempre el bien y el mal en la justa medida. Las grandes tribulaciones nos capacitan para los grandes goces, y pueden ser consideradas como heraldo de gracias extraordinarias. Las acciones divinas siempre responden a una escala de justa medida. Las vidas mezquinas e insulsas no suelen tener grandes alteraciones, son insulsas a lo largo de toda su existencia; pero las grandes experiencias personales destacan tanto en tribulaciones como en éxitos y alegrías. Donde hay cumbres elevadas hay también valles profundos. Y así como Dios provee el mar para que habite el leviatán,[205] da también un estanque al renacuajo; en el mar todas las cosas son proporcionales al poderoso monstruo, mientras que en el pequeño arroyo todo beneficia a los peces diminutos. Si padecemos aflicciones feroces podemos aspirar a deleites desbordados, y nuestra fe puede reclamarlos con todo atrevimiento. Dios, que cuando disciplina es grande en justicia, no será corto en misericordia cuando imparta su

---

[203] Éxodo 12:8.
[204] Romanos 2:4.
[205] Job 3:8; 41:1; Salmo 74:14; 104:28.

bendición, pues es grande en todo. ¡Clamemos pues a él con fe inquebrantable e inamovible!

C. H. SPURGEON

Vers. 16. *Aparezca en tus siervos tu obra, tu gloria sobre sus hijos. [Manifiéstese a tus siervos tu obra, y tu gloria, a sus hijos. RVR77] [¡Sean manifiestas tus obras a tus siervos, y tu esplendor a sus descendientes! NVI] [Manifiéstese tu obra a tus siervos, y tu majestad a sus hijos. LBLA]*

Manifiéstese tu obra a tus siervos. Reparemos en cómo Moisés gravita y se ampara en la palabra *"siervos"*. Es todo lo que la ley le permite, por tanto va lo más lejos que puede ir. Jesús no nos llama *"siervos"*, sino *"amigos"*[206], y si somos sabios debemos hacer pleno uso de nuestra situación privilegiada, que nos concede un margen mucho más amplio. Moisés pide manifestaciones públicas, abiertas y notorias, del poder y la providencia divina, que animen a todo el pueblo. En sus propias obras defectuosas no encontraban solaz, pero en la obra perfecta de Dios hallarían consuelo.

Y tu gloria, a sus hijos. Mientras sus hijos iban creciendo a su lado deseaban ver ya sobre ellos algún destello de la gloria prometida. Sus hijos heredarían la tierra que les había sido concedida por el pacto, y buscaban alguna señal a favor suyo, a modo de arras de los bienes venideros; algún fulgor, aunque fuera tenue, de esa aurora del

---

[206] Juan 15:15.

día que se acercaba. ¡Con cuánto fervor oran y suplican los hombres buenos por sus hijos! Si pueden alcanzar la seguridad de que sus hijos conocerán la gloria de Dios y que ello les conducirá a servirle, se sienten capaces de sobrellevar cualquier tipo de aflicción. Saber que nuestros hijos disfrutarán de nuestro trabajo y podrán saborear los resultados y la gloria del mismo, hace que nos sintamos satisfechos, nos anima e impulsa a redoblar nuestros esfuerzos; sembramos gozosamente si sabemos que ellos podrán segar el fruto maduro.

C. H. SPURGEON

Vers. 16-17. *"Tu obra"*, *"La obra de nuestras manos"*. Reparemos aquí en el hermoso paralelismo entre dos cosas que a veces confundimos como una sola y otras separamos con excesivo celo. Me refiero a la "instrumentalidad humana" y la "acción divina", la labor personal del hombre y el poder de Dios que actúa detrás, empujándola y dándole una eficacia que le es absolutamente vital. Durante cuarenta años había sido labor personal de Moisés hacer del pueblo de Israel una nación justa y equilibrada en todos los aspectos: políticos, morales y religiosos. En ello había consistido *su obra*. Y no obstante, si alguna esperanza había de que esa obra personal de Moisés tuviera éxito y permaneciera, debía convertirse en obra de Dios. He aquí el motivo de la petición: *"La obra de nuestras manos confirma"*. Y Dios lo hace, en respuesta a las oraciones de sus siervos. Asume como suya la obra de sus siervos transformándola así en propia: *"Su obra"*, y con ello, según leemos en el versículo siguiente (90:17) en: *"Su gloria"* y *"Su hermosura"*[207].

James Hamilton [1814-1867]
"Moses, the man of God", 1876

Vers. 16-17. Hay una doble tradición rabínica que afirma que a estos dos versículos son la oración original pronunciada por Moisés como bendición de la obra de construcción del tabernáculo y sus ornamentos.[208] Y que a partir de entonces se utilizó como fórmula habitual de bendición para cualquier nueva tarea que se emprendiera, siempre que la *"gloriosa majestad"* de Dios fuera consultada al respecto a través del *Urim y Tumim*.[209]

Nicolás de Lyra [1270-1349], Shelomo Ben Yehuda de Lunel [1411-¿?] y Gilbertus Genebradus [1537-1597]
citados por John Mason Neale [1818-1866[y Richard Frederick Littledale [1833-1890]
"Commentary on the Psalms from Primitive and Mediæval Writers", 1869

---

[207] El autor sigue en este caso la versión inglesa de la KJV que traduce el versículo 17 del siguiente modo: *"And let the beauty of the Lord our God be upon us"*. Así traduce también la versión original de Casiodoro de Reina de 1569: *"Y sea la hermosura del Señor nuestro Dios sobre nosotros; y enderezca sobre nosotros la obra de nuestras manos, la obra de nuestras manos enderezca"*. Las principales versiones españolas actuales traducen: *"Sea la luz de Jehová"* (RVR60); *"Descienda el favor del Señor"* (RVR77); *"Sea la gracia del Señor"* (LBLA); *"Que el favor del Señor nuestro esté"* (NVI). El texto hebreo dice וִיהִי נֹעַם אֲדֹנָי *wîhî nōʿam ʾăḏōnāy* de נֹעַם *nôʿam*, "favor, deleite, hermosura".

[208] Éxodo 39:43.

[209] Éxodo 28:30; Levítico 8:8; Números 27:21; 1ª Samuel 28:6.

Vers. 16-17. *"La obra de nuestras manos confirma"*. Se conformaban con vivir y morir como peregrinos, siempre y cuando supieran que a través del trato severo que les estaba dando, Dios preparaba poco a poco el camino hacia esa manifestación gloriosa de bendición que sería la porción de sus descendientes. Es en ese espíritu y con esta idea en mente que piden a Dios que confirme la obra de sus manos; aunque fueran plenamente conscientes de que no contemplarían sus resultados. Su consuelo al sembrar estaba en pensar que sus hijos recogerían la cosecha.

JOSEPH FRANCIS THRUPP [1827-1867]
"Introduction to the Psalms", 1860

Vers. 16-17. Merece la pena tener presente que esa oración fue contestada. Pese a que la primera generación de israelitas cayó toda en el desierto, los esfuerzos de Moisés y sus compañeros no fueron en vano, se vieron compensados y resultaron de bendición para la segunda generación, que fue la más fiel y consagrada al Señor de entre todas las generaciones habidas en Israel. Es con respecto a ella que el propio Señor dice: *"Recuerdo el amor de tu juventud, tu cariño de novia, cuando me seguías por el desierto, por tierras no cultivadas. Israel estaba consagrada al Señor, era las primicias de su cosecha"*[210]. Por ello Balaam no pudo maldecirles sino que, a pesar de lo deseoso que estaba de la paga de injusticia, se vio obligado a someterse a ellos, y su maldición se convirtió en bendición.[211] Esto nos enseña a buscar compensaciones a través de las bendiciones espirituales en mitad de las calamidades y juicios

---

[210] Jeremías 2:2-3.
[211] Números de 22:1 a 24:24.

temporales, incluso cuando todas nuestras esperanzas terrenales se extinguen. Si la obra de Dios es confirmada en nosotros y en la generación que viene tras de nosotros, no tenemos razón alguna para desmayar ante los males que nos afligen en este mundo.

ANDREW FULLER [1754-1815]
"Circular Letters of the Northamptonshire Association: 'The Promise of the Spirit: The Grand Encouragement in Promoting the Gospel'", 1810

Vers. 17. *Sea la luz de Jehová nuestro Dios sobre nosotros, y la obra de nuestras manos confirma sobre nosotros; sí, la obra de nuestras manos confirma. [Descienda el favor del Señor, nuestro Dios, sobre nosotros, y ordena en nosotros la obra de nuestras manos; confirma tú la obra de nuestras manos. RVR77] [Que el favor del Señor nuestro Dios esté sobre nosotros. Confirma en nosotros la obra de nuestras manos; sí, confirma la obra de nuestras manos. NVI] [Y sea la gracia del Señor nuestro Dios sobre nosotros. Confirma, pues, sobre nosotros la obra de nuestras manos; sí, la obra de nuestras manos confirma. LBLA]*

Sea la luz de Jehová nuestro Dios sobre nosotros.[212] Sí, aún sobre nosotros que no podremos contemplar la gloria

---

[212] En hebreo וִיהִי נֹעַם אֲדֹנָי *wîhî nōʻam ʼăḏōnāy.* La versión inglesa KJV (y también la versión original de Casiodoro de Reina 1569) lo traducen así: *"Sea la hermosura de Jehová nuestro Dios sobre nosotros".* SCHÖKEL y KRAUS ambos traducen: *"la bondad del Señor".* La *Septuaginta* o Versión griega de los LXX: καί εἰμί ὁ λαμπρότης κύριος ὁ θεόςι ἐγώ ἐπί ἐγώ que la *Vulgata* traduce como: *"Et sit esplendor Domini Dei nostri super nos",* "Y sea el resplandor del Señor nuestro Dios sobre nosotros".

de Canaán. Nos bastará con que la santidad del Señor se refleje en nuestro carácter, y que las excelencias inefables de nuestro Dios se derramen sobre nuestro campamento, cubriéndolo con su sagrada hermosura. La santificación no debería faltar en nuestras listas diarias de peticiones a Dios.

Y ordena en nosotros la obra de nuestras manos; confirma[213] *tú la obra de nuestras manos.* Que todo lo que hagamos sea en la verdad y perdure cuando nosotros estemos ya en la tumba. Que la obra de la generación actual favorezca de manera permanente a la construcción del pináculo de la nación. A los hombres de Dios no les gusta trabajar en vano. Saben que sin el Señor no pueden hacer nada, y por tanto, claman a él para que venga en su ayuda y ordene su labor, para que acepte sus esfuerzos y confirme sus planes. La Iglesia desea fervientemente, en su conjunto, que la mano del Señor obre a la una con los esfuerzos de su pueblo, a fin de que el resultado sea un edificio sólido, sí, un edificio eterno para honor y gloria de Dios. Nosotros venimos y nos vamos, llegamos y nos marchamos, pero la obra del Señor permanece. Nos conformamos en partir con tal de que Jesús quede y su reino crezca. Por tanto, sabiendo que el Señor permanece inmutable para siempre, confiamos nuestra obra en sus manos

---

[213] Aunque algunas versiones y revisiones (como es el caso de la RVR77) hayan cambiado este primer *"confirma"* por *"ordena"* con el propósito de evitar la repetición, en el hebreo es el mismo verbo que se repite: כּוֹנְנָה *kōwnnāh* en el primer caso y כּוֹנְנֵהוּ *kōwnnêhū* en el segundo. Se puede traducir también por "establece" o "afianza". La *Septuaginta* o Versión griega de los LXX dice: καί ὁ ἔργον ὁ χείρ ἐγώ καταευθύνω ἐπί ἐγώ, que la *Vulgata* traduce como: *"et opera manuum nostrarum dirige super nos; et opus manuum nostrarum dirige",* "y gobierna las obras de nuestras manos sobre nosotros; y gobierna la obra de nuestras manos".

y puesto que la obra es mucho más suya que nuestra, él la protegerá garantizando su inmortalidad.[214] Cuando nosotros nos hayamos marchitado como la hierba, nuestro trabajo para el Señor permanecerá; y como el oro, la plata o las piedras preciosas, sobrevivirá a la prueba del fuego.[215]

C. H. SPURGEON

Sea la hermosura de Jehová nuestro Dios sobre nosotros. Tratemos de contemplar la obra que llevamos a cabo en nuestra vida a la luz de la hermosura del Señor. Pongamos una al lado de la otra. A primera vista se ven muy diferentes. Pero si las observamos con mayor detalle, nos damos cuando de que van ligadas la una a la otra de modo inseparable. Hay un tipo de luz que aporta a las cosas una belleza tan peculiar que nada de lo que ilumine es feo. A los que vivimos en Gran Bretaña, ese pedazo de tierra rodeado por todas sus partes de un mar grisáceo, con un clima poco benévolo y cielos constantemente nublados, se nos hace difícil concebir la magia de los cielos azules y despejados del trópico, con su brisa suave y mares multicolores; concebir el realce peculiar que imparte la luz del sol incluso en el más insulso de los objetos de la naturaleza. Pero en otras latitudes y a ciertas horas del día, darse cuenta del poder transformador de esa luz, es fácil. Del mismo modo hay una luz espiritual tan inspiradamente hermosa, que aún el rostro más austero adquiere de inme-

---

[214] Con palabras muy parecidas concluye también JOSÉ Mª MARTÍNEZ [1924-] su exposición a este salmo en "Salmos Escogidos": «Las realidades temporales de la existencia humana, tristes y deprimentes, subsisten, pero son iluminadas por la gracia renovadora del Dios eterno, *"nuestro refugio de generación en generación"*».

[215] 1ª Corintios 3:10-15.

diato una hermosura sin par cuando se ve iluminada por sus rayos amorosos que se abren paso hasta el corazón. ¿A quién no le ha sorprendido descubrir en algún rostro que siempre le había parecido poco interesante, y por tanto le había pasado desapercibido, una luz inesperada? ¿Quién no ha contemplado alguna vez un semblante humano irradiando una luz sobrenatural, que transmite gozo y realza perfección allí donde no hubiéramos esperado encontrar belleza? ¿Acaso no cabe considerar estos fenómenos como pequeñas muestras, aunque débiles e imperfectas, de lo que hace *"la hermosura del Señor"* con nosotros y con nuestra obra? Sabemos lo que la luz natural puede hacer con los objetos materiales transformando su apariencia, lo que la luz moral que brota de la bondad y paz interior puede hacer con los rostros mortales; subid el listón, y sabréis lo que la luz espiritual, la Luz Divina, puede hacer con seres inmortales y obras inmortales.

JESSIE COOMBS
"Thoughts for the Inner Life", 1867

Sea la hermosura de Señor nuestro Dios sobre nosotros. La palabra hebrea נֹעַם *nô'am* "hermosura", encierra algo parecido a un diluvio de gracia. Es como si el salmista exclamara: "¡Hasta aquí hemos contemplado tú obra, oh Señor! En su ejecución nosotros no participamos en nada, fuimos receptores pasivos de tus dones. Con ella te muestras a nosotros y nos pones a salvo, únicamente por medio de tu obra, que llevas a cabo cuando nos liberas de la enfermedad con la que Satán contaminó a toda la raza humana a través de Adán, a saber: el pecado y la muerte eterna".

MARTÍN LUTERO [1483-1546]
"Enarratio Psalmi 90", 1534

Sea la hermosura de Señor nuestro Dios sobre no-sotros. El Señor es glorificado y su obra avanza cuando su Iglesia es hermosa. Y la *"hermosura del Señor"* es la *"hermosura de su santidad"*[216], que brilló en el Señor Je-sús de forma tan resplandeciente, y que debe ser replicada y reflejada por cada uno de sus discípulos. Hacia ese ob-jetivo es adonde todos los que amamos al Salvador y bus-camos la extensión de su reino debemos dirigir nuestros esfuerzos. No hay cosa más triste que ver cómo nuestra predicación y esfuerzos personales en la obra se ven cues-tionados, refutados y neutralizados por la falta de amor y las vidas poco ejemplares de quienes, haciéndose pasar por cristianos, no se portan como tales. Y por el contrario, nada hay más efectivo para garantizar el éxito de nuestra labor que cuando nuestra oración es secundada y nues-tra predicación respaldada por las vidas puras, santas y amorosas de aquellos que buscan seguir *"al Cordero a dondequiera que va"*[217].

JAMES HAMILTON [1814-1867]
"Moses, the man of God", 1876

La obra de nuestras manos confirma. Jarchi[218] inter-preta estas palabras finales del Salmo 90 como referentes a la obra del tabernáculo, en el cual los israelitas partici-

---

[216] Salmo 29:2; 96:9.
[217] Apocalipsis 14:4.
[218] Se refiere a SALOMÓN BEN ISAAC JARCHI o YARJI, más conocido como SOLOMON BAR ISAAC RASHI [1040-1105], famoso rabino judío nacido en Francia y considerado uno de los más reconocidos comen-taristas hebreos de las Escrituras y el Talmud. Escribió numerosos comentarios del texto bíblico y otras muchas obras.

paron literalmente con sus manos en su construcción. Y lo mismo afirma el rabino Arama[219] con respecto a Bezaleel.[220]

JOHN GILL [1697-1771]
"Exposition of the Old Testament", 1748/17

---

[219] Se refiere a ISAAC BEN MOSES ARAMA [1420-1494], rabino español que llegó a dirigir la escuela rabínica de Zamora, en España. Escribió diversos comentarios al Pentateuco.
[220] Éxodo 31:1-11.

COLECCIÓN LOS SALMOS

Salmo 19
La Creación. Salmo de la creación

Salmo 23
Salmo del pastor

Salmo 27
La Confianza. Confianza triunfante y suplicante

Salmo 32
El Perdón. Salmo Paulino

Salmo 37
La Impaciencia. Antídoto contra la impaciencia

Salmo 84
La Alabanza. La perla de los Salmos

Salmo 90
El Tiempo. De generación en generación

www.ingramcontent.com/pod-product-compliance
Lightning Source LLC
Chambersburg PA
CBHW011759040426
42447CB00015B/3445